KB201339

北
玄
武
·
二

낭
송

대
승
기
신
론

낭송Q시리즈 북현무 02
낭송 대승기신론

발행일 초판1쇄 2015년 4월 5일(乙未年 庚辰月 辛亥日 淸明) |
지은이 마명 | **풀어 읽은이** 김혜영 | **펴낸곳** 북드라망 | **펴낸이** 김현경 |
주소 서울시 중구 청파로 464 101-2206(중림동, 브라운스톤서울) | **전화** 02-739-9918 |
이메일 bookdramang@gmail.com

ISBN 978-89-97969-61-6 04220 978-89-97969-37-1(세트) | 이 도서의 국립중앙도
서관 출판시도서목록(CIP)은 서지정보유통지원시스템 홈페이지(http://seoji.nl.go.kr)
와 국가자료공동목록시스템(http://www.nl.go.kr/kolisnet)에서 이용하실 수 있습니
다.(CIP제어번호: CIP2015008459) | 이 책은 저작권자와 북드라망의 독점계약에 의해
출간되었으므로 무단전재와 무단복제를 금합니다. 잘못 만들어진 책은 서점에서 바꿔
드립니다.

책으로 여는 지혜의 인드라망, 북드라망 **www.bookdramang.com**

낭송
Q
시리즈

북현무
02

낭송
대승기신론

마명
지음

김혜영
풀어
읽음

고미숙
기획

티

▶낭송Q시리즈 「낭송 대승기신론」 사용설명서◀

1. '낭송Q'시리즈의 '낭송Q'는 '낭송의 달인 호모 큐라스'의 약자입니다. '큐라스'(curas)는 '케어'(care)의 어원인 라틴어로 배려, 보살핌, 관리, 집필, 치유 등의 뜻이 있습니다. '호모 큐라스'는 고전평론가 고미숙이 만든 조어로, 자기배려를 하는 사람. 즉 자신의 욕망과 호흡의 불균형을 조절하는 능력을 지닌 사람을 뜻하며, 낭송의 달인이 호모 큐라스인 까닭은 고전을 낭송함으로써 내 몸과 우주가 감응하게 하는 것이야말로 최고의 양생법이자, 자기배려이기 때문입니다(낭송의 인문학적 배경에 대해 더 궁금하신 분들은 고미숙이 쓴 「낭송의 달인 호모 큐라스」를 참고해 주십시오).

2. 낭송Q시리즈는 '낭송'을 위한 책입니다. 따라서 이 책은 꼭 소리 내어 읽어 주시고, 나아가 짧은 구절이라도 암송해 보실 때 더욱 빛을 발합니다. 머리와 입이 하나가 되어 책이 없어도 내 몸 안에서 소리가 흘러나오는 것, 그것이 바로 낭송입니다. 이를 위해 낭송Q시리즈의 책들은 모두 수십 개의 짧은 장들로 이루어져 있습니다. 암송에 도전해 볼 수 있는 분량들로 나누어 각 고전의 맛을 머리로, 몸으로 느낄 수 있도록 각 책의 '풀어 읽은이'들이 고심했습니다.

3. 낭송Q시리즈 아래로는 동청룡, 남주작, 서백호, 북현무라는 작은 묶음이 있습니다. 이 이름들은 동양 별자리 28수(宿)에서 빌려 온 것으로 각각 사계절과 음양오행의 기운을 품은 고전들을 배치했습니다. 또 각 별자리의 서두에는 판소리계 소설을, 마무리에는 「동의보감」을 네 편으로 나누어 하나씩 넣었고, 그 사이에는 유교와 불교의 경전, 그리고 동아시아 최고의 명문장들을 배열했습니다. 낭송Q시리즈를 통해 우리 안의 사계를 일깨우고, 유(儒)·불(佛)·도(道) 삼교회통의 비전을 구현하고자 한 까닭입니다. 아래의 설명을 참조하셔서 먼저 낭송해 볼 고전을 골라 보시기 바랍니다.

▷ **동청룡**: 「낭송 춘향전」, 「낭송 논어/맹자」, 「낭송 아함경」, 「낭송 열자」, 「낭송 열하일기」, 「낭송 전습록」, 「낭송 동의보감 내경편」으로 구성되어 있습니다. 동쪽은 오행상으로 목(木)의 기운에 해당하며, 목은 색으로는 푸른색, 계절상으로는 봄에 해당합니다. 하여 푸른 봄, 청춘(靑春)의 기운이

가득한 작품들을 선별했습니다. 또한 목은 새로운 시작을 의미하기도 합니다. 청춘의 열정으로 새로운 비전을 탐구하고 싶다면 동청룡의 고전과 만나 보세요.

▷ 남주작 : 『낭송 변강쇠가/적벽가』, 『낭송 금강경 외』, 『낭송 삼국지』, 『낭송 장자』, 『낭송 주자어류』, 『낭송 홍루몽』, 『낭송 동의보감 외형편』으로 구성되어 있습니다. 남쪽은 오행상 화(火)의 기운에 속합니다. 화는 색으로는 붉은색, 계절상으로는 여름입니다. 하여, 화기의 특징은 발산력과 표현력입니다. 자신감이 부족해지거나 자꾸 움츠러들 때 남주작의 고전들을 큰소리로 낭송해 보세요.

▷ 서백호 : 『낭송 흥보전』, 『낭송 서유기』, 『낭송 선어록』, 『낭송 손자병법/오자병법』, 『낭송 이옥』, 『낭송 한비자』, 『낭송 동의보감 잡병편 (1)』로 구성되어 있습니다. 서쪽은 오행상 금(金)의 기운에 속합니다. 금은 색으로는 흰색, 계절상으로는 가을입니다. 가을은 심판의 계절, 열매를 맺기 위해 불필요한 것들을 모두 떨궈 내는 기운이 가득한 때입니다. 그러니 생활이 늘 산만하고 분주한 분들에게 제격입니다. 서백호 고전들의 울림이 냉철한 결단력을 만들어 줄 테니까요.

▷ 북현무 : 『낭송 토끼전/심청전』, 『낭송 대승기신론』, 『낭송 도덕경/계사전』, 『낭송 동의수세보원』, 『낭송 사기열전』, 『낭송 18세기 소품문』, 『낭송 동의보감 잡병편 (2)』로 구성되어 있습니다. 북쪽은 오행상 수(水)의 기운에 속합니다. 수는 색으로는 검은색, 계절상으로는 겨울입니다. 수는 우리 몸에서 신장의 기운과 통합니다. 신장이 튼튼하면 청력이 좋고 유머감각이 탁월합니다. 하여 수는 지혜와 상상력, 예지력과도 연결됩니다. 물처럼 '유동하는 지성'을 갖추고 싶다면 북현무의 고전들과 함께하세요.

4. 이 책 『낭송 대승기신론』은 진제(眞諦)의 『대승기신론』(大乘起信論) 한역(漢譯)본을 완역한 것입니다. 원본의 편제를 그대로 따르되, 단락 구분은 일부 변경하였습니다. 원효의 『대승기신론소』와 『대승기신론별기』는 풀어 읽은이가 편제를 새롭게 하여 발췌 번역하였습니다.

차 례

『대승기신론』은 어떤 책인가 : 대승은 중생의 마음이다 10

1. 대승이란 무엇인가? 21

  1-1. 삼보에 귀의하는 노래 22
  1-2. 인연: 중생의 행복을 위하여 24
  1-3. 대승은 중생의 마음이다 27

2. 마음의 진여문 29

  2-1. 말을 벗어난 진여문 30
  2-2. 말에 의지해 표현하는 진여문 33

3. 마음의 생멸문 35

  3-1. 불생불멸과 생멸이 결합한 알라야식 36
  3-2. 중생에서 붓다로 가는 길 38
  3-3. 번뇌에 덮여 있어도 청정한 본래 깨달음 41
  3-4. 깨달음 자체는 맑은 거울과 같다 43
  3-5. 깨닫지 못한 마음의 모습 45
  3-6. 각과 불각은 서로에게 기대어 있다 49

4. 마음이 일으키는 생멸의 인연 51

4-1. 알라야식이 전개하는 생멸의 연기 52
4-2. 중생의 세계는 오직 마음이 만든 것이다 55
4-3. 여섯 가지 오염된 마음과 번뇌의 제거 58
4-4. 마음이 생멸하는 모습 62

5. 무명과 진여는 서로를 물들인다 65

5-1. 번뇌가 이어지는 무명훈습 66
5-2. 번뇌를 지워 가는 진여훈습 68
5-3. 진여 자체의 훈습 70
5-4. 진여의 작용에 의한 훈습 73

6. 중생의 마음은 크다 77

6-1. 진여 자체의 능력은 위대하다 78
6-2. 자유자재한 진여의 작용은 위대하다 81
6-3. 진여의 작용이 중생에게 나타내는 두 가지 몸 83
6-4. 생멸문에서 진여문으로 87

7. 잘못된 견해의 극복 89

7-1. 잘못된 견해란? 90
7-2. 인아견은 어떻게 다스리는가 91
7-3. 법아견은 어떻게 다스리는가 95

8. 발심이란 무엇인가 97

8-1. 세 가지 발심 98

8-2. 어떻게 믿음을 성취하는가 99

8-3. 믿음을 성취하면 어떤 마음을 일으키는가 102

8-4. 믿음을 성취하면 어떻게 실천하는가 104

8-5. 이해와 수행을 통한 발심 108

8-6. 진여를 체득하여 일으키는 발심 110

8-7. 진여를 체득한 보살의 세 가지 마음 112

9. 무엇을 믿고 어떻게 수행할 것인가 115

9-1. 무엇을 믿는가 116

9-2. 어떻게 수행하는가(1): 보시문, 지계문, 인욕문,
정진문 118

9-3. 어떻게 수행하는가(2): 지관문 수행과 진여삼매 121

9-4. 수행 중에 나타나는 망상을 어떻게 물리치는가 124

9-5. 진여삼매의 이익 열 가지 127

9-6. 지와 관을 함께 닦아야 한다 129

9-7. 염불수행 132

9-8. 수행을 권한다 134

9-9. 공덕을 회향하는 노래 136

10. 대승기신론소/별기 137

10-1. 대승의 근본은 텅 비어 고요하고, 충만하여
그윽하다 138

10-2. 하나의 마음과 두 개의 문으로 펼치고 합치는 것이
자유자재하다 140

10-3. 세우고 깨뜨리는 것에 걸림이 없다 142

10-4. 제목의 '대승'을 풀이한다 145

10-5. 제목의 '기신'을 풀이한다 148

10-6. 하나의 마음에 목숨을 다하여 귀의합니다 150

10-7. 삼보에 귀의하는 노래: 불보(佛寶) 152

10-8. 삼보에 귀의하는 노래: 법보(法寶) 155

10-9. 삼보에 귀의하는 노래: 승보(僧寶) 157

10-10. 아래로는 중생을 교화하고 위로는 불도를 넓힌다 159

10-11. 중생의 마음에 의지하여 대승의 의미를 설명한다 164

10-12. 진여문은 공통의 모습을, 생멸문은 다른 모습을
나타낸다 167

10-13. 진여문과 생멸문은 공통 원리〔理〕와 구체적
사물〔事〕을 모두 포함한다 171

10-14. 진여문은 대승 자체를, 생멸문은 대승 자체의 모습과
작용을 나타낸다 173

10-15. 진여문과 생멸문에서 공통 원리와 구체적 사물은
다르게 표현된다 175

10-16. 생멸과 불생불멸은 어떻게 화합하는가 178

10-17. 마음 자체는 상주하기도 생멸하기도 한다 182

10-18. 본각이 있으므로 시각이 있고 시각이 있으므로 불각이
있다 186

10-19. 본각이란 무엇인가? 188

10-20. 알라야식의 미세한 세 가지 마음의 모습 192

10-21. 알라야식의 거친 여섯 가지 모습 197

10-22. 알라야식에 의지하여 생멸의 연기가 일어난다 201

10-23. 진여훈습은 어떻게 일어나는가 205

『대승기신론』은 어떤 책인가

대승은 중생의 마음이다

1. 마음이 일어나면 온갖 것들이 일어나네

신라시대 고승인 원효의 오도송悟道頌이다.

> 마음이 일어나면 온갖 것들이 일어나고, 마음이 사
> 라지면 토굴과 무덤이 둘이 아니네. 모든 세계가 오
> 직 마음일 뿐이요, 모든 것이 오직 마음이 인식한 결
> 과일 뿐이네. 마음을 떠나서는 그 무엇도 없으니, 어
> 찌 마음 밖에서 따로 구하리.

원효가 의상과 함께 당나라로 가는 배를 타기 위
해 길을 가다 폭우를 만났다. 마침 비를 피할 곳을
발견하여 하룻밤을 달게 잤는데, 다음날 깨어 보니
그곳은 토굴이 아니라 해골이 있는 오래된 무덤이었
다. 비가 계속 오는지라 길을 떠나지 못하고 하룻밤
더 무덤에서 지내야 했다. 그러나 전날 밤과 달리 귀
신이 출몰하는 등 놀라움과 두려움으로 잠을 이룰
수가 없었다. 이때 원효는 불현듯 깨달은 바를 오도
송에 담았다.

원효가 깨달음을 얻고 다시 신라로 돌아와, 저잣
거리에서 사람들과 함께 춤추고 노래하며 대중을 교

화한 이야기는 여러 가지 버전으로 전해 온다. 그러나 원효의 깨달음을 담은 시에 등장하는 핵심구절이 『대승기신론』大乘起信論에 있다는 것을 아는 사람은 많지 않다. 그 핵심구절은 무엇인가? "마음이 일어나면 온갖 것들이 일어나고, 마음이 사라지면 온갖 것들이 사라진다."

원효의 설화를 통해 짐작할 수 있는 것처럼 『대승기신론』은 동아시아 지성사에서 매우 중요한 글이다. 누구나 알고 있지만 제대로 읽은 사람이 별로 없는 책이 고전이라는 우스갯소리가 있다. 그러나 『대승기신론』은 불교의 교학을 풀이한 논문으로 진입장벽이 높아서인지 아직까지는 아는 사람만 아는 고전에 속한다. 진지하게 불교를 공부하는 소수의 사람들이 아니고서야 이름도 들어 본 적이 없을지도 모른다. 제목뿐만 아니라 등장하는 개념들도 낯설 수 있다. 그러나 처음 만나는 것은 무엇이든 낯설고 어색한 법. 지적 호기심과 약간의 끈기만 있으면 우리도 원효처럼 깨달음으로 가는 입구를 발견할 수 있을지, 그 누가 알겠는가?

2. 마음의 철학, 연기의 철학

『대승기신론』은 동아시아 불교사에서 마음 이론의 한 전형을 제시하였다. 이 論은 하나의 마음[一心]과 두 개의 문[二門]으로 마음의 구조를 설명한다.

우리의 마음은 찰나찰나 변화한다. 잠시도 쉬는 법이 없이 대상을 좇아서 분별하고 집착하고 판단하며 변화를 이어 간다. 이것이 마음의 생멸문生滅門이다. 이 마음이 망심妄心이고, 이 마음이 인식하는 것이 망념妄念이다. 이렇게 마음이 생멸하고 변화하는 가운데에서도, 우리는 올바른 인식을 추구하고, 진실 그대로의 모습을 보려는 지향을 갖는다. 이 지향이야말로 우리 마음의 가능성이다. 이러한 가능성과 희망이 있는 이유는 무지에서 비롯된 망념을 극복하여 본래 청정한 마음으로 돌아갈 잠재력이 있기 때문이다. 본래 청정한 마음이 바로 마음의 진여문眞如門이다.

마음의 진여문이 중생의 본바탕이라면, 마음의 생멸문은 우리들 중생의 현실이다. 그렇기 때문에 『대승기신론』은 진여문이 아니라 생멸문에 대해서 더 많이 논하고 있다. 생멸하는 현실을 어떻게 통찰할

것인가? 야생마처럼 날뛰는 마음을 붙잡는 것이 참
으로 어렵다고 하지만 마음은 저절로 생멸하지 않
는다. 마음의 움직임에도 생멸의 인연이 있다. 마음
의 생멸을 멈추고 고요한 진여의 상태로 돌아가기
위해서는 있는 그대로의 실상을 제대로 보아야 한
다. 그것이 바로 관찰이다. 관찰은 마음을 전개시키
는 연기緣起의 원리를 통찰하는 것이다. 마음의 철학
인 『대승기신론』은 마음이 연기하는 모습을 우리에
게 보여 줌으로써 생멸하는 마음에 대한 통찰의 길
을 제시한다.

3. 짧고 간략하지만 넓고 깊은 『대승기신론』

『대승기신론』의 첫인상은 까칠하다. 일심이문一心二門
으로 마음의 구조를 논하는 부분은 꽤 까다롭다. 특
히 깨달은 붓다만이 알 수 있다고 하는 진여문은 난
해하다. 그러나 어렵다고 여기에서 멈추어서는 안
된다. 곧 야생마처럼 날뛰는 우리의 마음, 생멸문의
마음이 제시되기 때문이다. 불교는 깨달음의 종교
혹은 철학이라고 불리기도 한다. 『대승기신론』은 바

로 그 깨달음을 검토한다. 깨달음이란 무엇인지, 깨닫지 못한 마음과 깨달은 마음 사이에 무엇이 있는지, 이 두 마음은 같은 것인지 다른 것인지로부터 시작하여 마음의 생멸이 왜 생겨나는지, 생멸문에서 진여문으로 어떻게 갈 수 있는지, 간략하지만 깊은 설명이 이어진다. 길고 번다한 설명을 싫어하는 사람들을 위해 지어진 글이기에 단어 하나하나도 허투루 넘어갈 수가 없다. 처음에는 꼭꼭 씹어 가며 읽는 것이 좋다.

이 논서가 거기에서 그쳤다면 선근이 성숙하지 못한 우리 같은 범부중생은 힘을 내기는 쉽지 않았을지도 모른다. 다행스럽게도 선근이 미약한 중생을 위해 『대승기신론』은 실천수행에 대해서도 짚어야 할 것을 놓치지 않는다. 실천수행이야말로 불교의 꽃! 수행론에 와서 『대승기신론』은 친절한 논서로 변신, 까칠한 첫인상과는 다른 반전의 묘미를 맛보게 해준다. 순서는 이렇다. 아집에 사로잡혀 사는 사람들을 위해서는 어떻게 생각을 전환해야 하는지를, 수행의 길로 나아가기를 주저하는 사람들을 위해서는 발심이란 무엇인지를 찬찬히 논구한다. 발심이란 무엇이며, 누가, 어떻게 발심해야 하는가를 자세히 설한 다음 믿음을 성취하기 위해서라도 마음집중과 관찰수행인 지관수행이 필수적임을 가르친다. 지관수행 중에 나타나는 온갖 환상에 대한 안내와 퇴치법은『대승기신론』의 백미 중의 백미이다. 논서의 저자가 얼마나 친절한 사람인지 누구나 인정하지 않을 수 없을 것이다.

많은 사람들이 낮은 단계의 수행에서 출발하여 이론적인 분석으로 논을 전개했더라면 더 읽기 쉬웠을 것이라고 말할 수도 있다. 과연 그럴까? 산을 올라가 본 사람은 안다. 처음에 가파른 계곡을 올라가면 다음에는 아름다운 능선이 기다리고 있다는 것을.『대승기신론』도 비슷하다. 낯설다고 겁먹을 필요가 없다. 처음부터 마지막까지 천천히 음미하여 읽은 뒤 다시 처음으로 돌아가 삼보에 귀의하는 노래를 읽어 보면 알 수 있을 것이다. 전에 보았던 것보다 더 멋진 풍경이 펼쳐지는 것을.

4.『대승기신론』의 저자와 번역자 그리고 주석자 원효

『대승기신론』의 원저자는 아슈바고샤, 한자 이름으

로는 마명馬鳴보살로 알려져 있다. 마명은 50~150
년경 사이에 살았고, 붓다의 생애와 여러 장로들의
삶을 시로 기록한, 인도의 유명한 시인이다. 그런데
마명이 살았던 시기에는 아직 『대승기신론』에서 설
파되고 있는 불교 사상들이 형성되기 전이었으므로
마명이 『대승기신론』을 저술했다는 것은 앞뒤가 맞
지 않다. 그래서 5세기경에 활동했던 또 다른 마명이
있는 것은 아닌지, 번역자인 진제眞諦 스님이 직접 쓴
글은 아닌지, 혹은 당시 중국의 스님들이 찬술한 것
은 아닌지 여러 가지 주장이 있다. 그러니 원저자가
누구인지는 정확히 알 수 없다.

　중국에서의 불교의 역사는 경전 번역의 역사이기
도 했다. 산스크리트어로 된 경전을 한문으로 옮기
는 작업은 쉽지 않았다. 불교가 전래된 1세기 이후
초기 번역자들은 대부분 인도와 중앙아시아에서 온
이방인 스님들이었다. 이들은 중국어를 익혀 가면
서, 중국인 제자들의 도움을 받아가면서 번역 사업
에 매달렸을 것이다. 『대승기신론』은 550년에 번역
되었다. 역시 인도에서 온 스님 파라마르타중국명으로
는 진제(眞諦)가 번역하였다. 『대승기신론』은 빠른 속도
로 중국불교에 영향을 미치기 시작했다. 번역 이후

50년도 지나기 전에 많은 중국 고승들의 글에 인용되기 시작했고, 여러 주석서가 등장하였다.

『대승기신론』에 대한 주석서 중에서 가장 깊이 있다고 알려진 것이 원효의 『대승기신론별기』大乘起信論別記와 『대승기신론소』大乘起信論疏이다. 원효의 오도송에서 알 수 있다시피 원효의 사상에서 『대승기신론』은 특별한 지위를 갖는다. 원효는 『대승기신론』이야말로 "모든 논 중에서 으뜸이고, 모든 논쟁을 평정하는 주인"이라고 극찬하고 있다.

5. 논서를 낭송할 수 있을까?

『대승기신론』은 짧은 글이다. 이 책에는 전문을 대부분 다 실었다. 가능한 원문의 순서를 거의 그대로 따랐지만 목차는 자유롭게 분할하였다. 원효의 『대승기신론소』와 『대승기신론별기』에서는 일부를 발췌하였다(이 책의 10부). 『대승기신론』을 이해하는 데 도움이 될 뿐 아니라 원효의 특이성이 두드러지게 나타나는 부분을 골랐다. 역시 목차는 임의로 분할하였다.

낭송Q시리즈의 하나로 『대승기신론』과 원효의 『대승기신론소』·『대승기신론별기』를 고른 것은 위험한 선택일지도 모른다. 대중적으로 널리 알려진 책도 아닌데 과연 누가 사서 읽을까? 참 걱정이다. 그러나 위험한 것은 그것만이 아니다. 불교의 논서를 낭송하기 쉬운 글로 옮기는 것은 더 무모한 일이다. 한 글자, 한 글자, 옮겨도 무슨 말인지 헷갈리는데 입말로 옮기려니 작업을 하는 내내 불안하고 두려웠다.

그러나 불교 논서라고 해서 입말로 읽으면 안된다는 법은 없다. 사대부들이 소리 내어 경전을 읽듯이 스님들도 강원講院에서 불경만이 아니라 논서를 소리 내어 읽고 외우는 공부를 했다. 잊혀져 간 집단 공부의 방법을 되살리고, 묵독이 아니라 낭송을 살리는 데 불교의 논서라고 해서 예외가 될 수는 없다고 생각한다.

마명의 이름을 가탁했든 어떻든 시인이었던 마명의 논서가 아닌가? 또 저잣거리에서 무애박을 두드리며 춤추고 노래하던 소성거사小性居士 원효가 지은 글이 아닌가? 이들 역시 대중지성의 시대에 더 많은 이들에게 자신들의 글이 읽히기를 바라지 않겠는

가? 다만 깊은 뜻을 가진 아름다운 문장들을 훼손하
지나 않았을까 두려울 뿐이다.

낭송Q시리즈 북현무
낭송 대승기신론

1부
대승이란 무엇인가?

1-1.
삼보에 귀의하는 노래

온 세상 다하도록 하는 일마다 가장 뛰어나고
지혜로 모든 것을 두루 알고
걸림 없이 자유자재하게
세상을 구제하는 대비하신 분께
목숨을 다하여 귀의합니다.

모든 깨달은 이들의 근거이고 특성이며
법法의 본성인 진여眞如의 바다에
목숨을 다하여 귀의합니다.

헤아릴 수 없는 공덕을 간직하고,
진실하게 수행하는 모든 분들께
목숨을 다하여 귀의합니다.

이 글을 쓰는 것은
중생이 의심을 없애고, 잘못된 집착을 버리고,
대승에 대한 올바른 믿음을 일으켜서
붓다의 가르침이 끊어지지 않기를 바라기 때문입니
다.

1-2.
인연: 중생의 행복을 위하여

묻는다. 어떤 인연으로 이 글을 쓰게 되었는가?

답한다. 여덟 가지 인연이 있다.

첫째, 중생들이 온갖 고통에서 벗어나, 최고의 행복을 얻게 하기 위해서이다. 세상의 명예와 이익, 존경을 얻기 위해서가 아니다.

둘째, 붓다가 가르친 근본 뜻을 풀이하려 한다. 중생들이 올바르게 이해하여 오류에 빠지지 않게 하기 위해서이다.

셋째, 수행을 통해 이미 선근善根*이 성숙한 중생들이, 대승을 받아들여 물러나지 않는 믿음을 얻게 하기 위

---

* 좋은 과보를 받을 수 있는 좋은 인(因)의 뜻. 착한 행위의 공덕. 선근을 심으면 반드시 좋은 결과를 맺는다고 한다.

해서이다.

넷째, 수행이 부족하여 아직 선근이 미약한 중생들이 대승에 대한 믿음을 배우고 익히게 하기 위해서이다.

다섯째, 수행 방법을 제시하려 한다. 악업이 만든 장애를 제거하고, 도를 향하는 마음을 잘 지키고, 어리석음과 교만함을 버리고, 잘못된 견해에 대한 집착을 버리게 하기 위해서이다.

여섯째, 마음집중[止]과 관찰[觀]의 수행 방법을 제시하려 한다. 마음집중과 관찰 수행을 통해, 범부는 세상에 대한 집착을 극복하고, 성문聲聞*·연각緣覺**은 나약하고 편협한 마음을 극복하게 하기 위해서이다.

일곱째, 수행을 감당할 준비가 되지 않은 중생들을 위해서, 마음을 다하여 아미타불을 생각하는 염불 방편을 제시하려 한다. 염불을 통해 서방정토에 태어나, 결코 물러나지 않는 믿음을 완성하게 하기 위해서이다.

여덟째, 수행을 통해 얻는 이익을 제시하고 수행을

---

* 붓다의 음성을 들은 불제자를 말한다. 대승불교에서는 석존에게 직접 가르침을 들은 제자에 국한하지 않고 아라한이 되는 것을 이상으로 삼는 수행자를 가리킨다. 폄하하여 소승(小乘)과 같은 뜻으로 쓰이기도 한다.

** 붓다의 교화에 의하지 않고 홀로 깨달은 성자를 말한다. 독각(獨覺)이라고도 하고 벽지불(辟支佛)이라고도 한다. 대승불교에서는 성문과 연각을 합하여 이승(二乘)이라고 부르는데 대승의 보살과 비교하여 폄하하는 의미가 있다.

권하기 위해서이다.

묻는다. 수많은 경전들 속에 이미 대승의 가르침이 있는데 왜 굳이 거듭하여 말하는가?

답한다. 경전 중에 비록 대승의 가르침이 있지만 중생의 근기와 수행에 따라 받아들이고 이해하는 정도가 다르다. 석가모니가 세상에 계실 때는 중생의 근기가 뛰어났고, 가르치는 이의 모습과 능력이 훌륭하여, 원만한 음성으로 한 번 연설하면 여러 중생들이 다 같이 이해하였으므로 굳이 해설하는 논을 지을 필요가 없었다.

석가모니가 입멸한 후에는 중생의 상황이 달라졌다. 어떤 사람은 경전을 자세히 공부해서 스스로 이해하고, 어떤 사람은 경전을 조금 공부해도 자력으로 많이 이해한다. 어떤 사람은 마음의 힘이 부족하여 자세히 설명한 글을 읽고 나서야 이해한다. 어떤 사람은 거듭해서 자세히 설명하면 길어서 번잡하다고 생각한다. 이들은 짧은 문장에 많은 뜻을 담고 있는 글이 이해하기 쉽다고 좋아한다. 이 논대승기신론은 간략한 글을 좋아하는 사람들을 위하여 붓다의 넓고 크고 깊은 가르침을 모두 담았다.

그런 까닭에 이 논을 지었다.

1-3.
대승은 중생의 마음이다

대승이란 무엇인가?

대승은 중생의 마음이다. 중생의 마음은 세간世間과 출세간出世間의 모든 것을 포함한다. 이러한 중생의 마음에 의지하여 대승의 의미를 설명한다. 왜냐하면 이 마음의 진여眞如의 모습이 곧 대승 자체이고, 또 이 마음의 생멸 인연의 모습이 대승 자체의 모습과 작용이기 때문이다.

대승이 중생의 마음이라는 것을 자세히 풀이한다.

중생의 마음은 하나의 마음[一心]이다. 하나의 마음에 두 개의 문[二門]이 있다. 두 개의 문이란 진여문眞如門과 생멸문生滅門이다. 이 두 개의 문은 각각 세간과 출세간의 모든 것을 다 포함한다. 어떻게 서로 다른 두

개의 문이 각각 모든 것을 포함할 수 있는가? 진여문
과 생멸문이 서로 떨어져 있지 않기 때문이다.

대승의 뜻은 대大와 승乘, 둘로 나누어 설명할 수 있다.
대승의 '대'大에는 세 가지 뜻이 있다.
첫째, 중생의 마음 자체가 크다[體大]는 뜻이다. 중생
의 마음은 세간과 출세간의 모든 것을 포함하는 진여
그 자체이다. 따라서 어떤 차별도 없이 평등하고, 늘
어나지도 줄어들지도 않고, 영원히 존재한다.
둘째, 중생의 마음의 모습이 크다[相大]는 뜻이다. 마
음의 생멸문이 품고 있는 진여를 여래장如來藏이라고
한다. 이 여래장에는 본래 여래가 가진 헤아릴 수 없
이 많은 덕성과 능력이 갖추어져 있다.
셋째, 중생의 마음의 작용이 크다[用大]는 뜻이다. 마
음의 생멸문에 있는 진여의 작용은 세간과 출세간에
서 수많은 좋은 인연과 결과를 만들어 낸다.

대승의 '승'乘은 두 가지 뜻이 있다.
첫째, 모든 붓다들이 대승의 큰 수레를 타고 깨달음
을 얻었다는 뜻이다. 둘째, 또한 모든 보살들도 대승
의 큰 수레를 타고 여래의 경지에 도달할 것이라는
뜻이다.

낭송Q시리즈 북현무
낭송 대승기신론

2부
마음의 진여문

2-1.
말을 벗어난 진여문

진여眞如인 마음은 모든 존재의 공통의 근거[一法界]이
고, 모든 것을 포함하는 총체적인 모습[大總相]이며, 모
든 가르침의 근본이 되는 바탕[法門體]이다.

마음의 본성인 진여는 생겨나는 것도 아니고, 없어지
는 것도 아니다. 진여인 마음에서는 일체가 평등하
다. 그러나 마음이 움직여 분별하는 망념妄念이 일어
나면, 차별하는 마음이 생겨난다. 망념 때문에 모든
인식대상에 대한 차별이 있다.

만일 망념이 사라지게 되면, 모든 대상의 차별적인
모습 또한 사라진다. 그러므로 진여인 마음에서 모든
것은 본래부터 말을 벗어나 있고, 이름을 떠나 있고,
인식 대상이 아니다. 절대적으로 평등하고, 변화하지
않고, 파괴될 수도 없다. 오직 하나의 마음일 뿐이므

로 진여라고 이름 붙인다.

모든 언어는 다만 임시로 붙인 이름에 지나지 않으며, 어떤 고유한 알맹이도 없다. 이름은 단지 망념을 좇아 분별한 것에 지나지 않으므로 그 이름을 통해서는 참된 실재를 얻을 수 없다.

진여라는 이름 역시 어떤 고유한 모습이 있는 것이 아니다. 그런데도 굳이 진여라고 이름 붙이는 것은, 언어로 표현할 수 있는 한계 안에서 언어로 언어를 부정하는 것이다.

그러나 실은 이 진여 자체에는 버릴 수 있는 것도 없다. 모든 것이 다 진실하기 때문이다. 또한 진여 자체에는 따로 세울 수 있는 것도 없다. 모든 것이 동일한 하나이기 때문이다. 모든 것은 말로 표현할 수도 없고, 분별하여 생각할 수도 없다. 그러므로 있는 그대로 진실하다는 의미에서 진여라고 이름 붙인 것임을 알아야 한다.

묻는다. 만약 이처럼 진여가 말과 생각조차 떠난 것이라면 우리는 도대체 어떻게 진여를 따르고 진여를 체득할 수 있는가?

답한다. 비록 언어로 모든 것을 표현하지만 실은 말하는 주체도 없고 말로 표현되는 대상도 없다는 것을 알고, 비록 생각하지만 실은 생각하는 주체도 없고 생각의 대상도 없다는 것을 안다면, 바로 이것이 진여를 따르는 것이다.

만약 분별하는 망념을 떠났다면 진여를 체득했다고 말할 수 있다.

2-2.
말에 의지해 표현하는 진여문.

진여는 말을 벗어나 있으므로 오직 체득해야 알 수 있다. 그럼에도 언어에 의지하여 진여를 표현하면 두 가지로 말할 수 있다.

첫째, 진여는 있는 그대로 텅 비어 있다[如實空].

우리가 인식하는 모든 것들은 망념이 작용한 결과이므로 텅 비어 있는 것만이 궁극적으로 진실을 드러내기 때문이다.

둘째, 진여는 있는 그대로 충만하다[如實不空].

진여 자체에 번뇌가 전혀 없는 깨끗한 여래如來: 붓다를 부르는 여러 호칭 중 하나의 능력이 본래 갖추어져 있기 때문이다.

텅 비어 있다는 것은 진여가 본래부터 어떤 번뇌와도 관계하지 않는다는 것을 의미한다. 진여는 무엇에 대해서도 차별의 모습이 없다. 진여에는 허망한 마음의 움직임인 망념이 없기 때문이다. 그러므로 진여의 본성은 고유한 모습이 있다고도 없다고도 말할 수 없다. 고유한 모습이 있는 것이 아니라고도, 없는 것이 아니라고도 말할 수 없다. 고유한 모습이 있는 것과 없는 것이 함께 있다고도 말할 수 없다. 또한 동일한 모습이라고도, 다른 모습이라고도 말할 수 없다. 동일한 모습이 아니라고도, 다른 모습이 아니라고도 말할 수 없다. 동일한 모습과 다른 모습이 함께 있다고도 말할 수 없다.

종합하여 말하면 모든 중생에게는 허망한 마음이 있어서 생각생각마다 분별한다. 그러나 진여는 그러한 분별과 전혀 관계치 않으므로 텅 비어 있다고 표현한다. 만약 허망한 마음이 사라지면 진여는 참으로 텅 비어 있다고 말에 의지하여 표현할 필요조차 없다.

충만하다는 것은 이미 진여 자체가 텅 비어서 어떤 허망한 것도 없는 참된 마음[眞心]이라는 의미이다. 참된 마음은 항상 변함없이 깨끗한 덕성을 갖추고 있으므로 충만하다고 말한다. 그러나 충만하다고 말하더라도 진여에는 참으로 취할 수 있는 어떤 모습도 없다. 망념이 사라진 경계는 오직 깨달음을 체득할 때만 상응할 수 있기 때문이다.

낭송Q시리즈 북현무
낭송 대승기신론

3부
마음의 생멸문

3-1.
불생불멸과 생멸이 결합한 알라야식

생멸하는 마음은 여래장에 의지하여 일어난다. 여래
장은 마음의 생멸문이 품고 있는 진여이다. 불생불멸
의 여래장과 중생의 생멸하는 마음이 결합한 것을 알
라야식*이라고 한다. 이렇게 결합한 불생불멸과 생멸
은 같은 것이라고 할 수도 없고, 다른 것이라고 할 수
도 없다. 알라야식은 세간과 출세간의 모든 것을 포
함하고, 모든 것을 낳는다.

알라야식에는 두 가지 뜻이 있다.

---

* 알라야식은 산스크리트어의 ālaya vijñāna를 음차한 것인데 한역으로는 종자를
저장하는 식이라는 의미에서 장식(藏識), 깨달음을 얻기 전에는 없어지지 않는
다는 의미에서 무몰식(無沒識), 종자를 성숙시키는 근본식이라는 의미에서 이숙
식(異熟識)이라고 번역된다. 아뢰야식(阿賴耶識), 아리야식(阿梨耶識), 아려야식
(阿黎耶識) 등으로도 음차한다.

첫째 깨달음인 각覺, 둘째 깨닫지 못한 불각不覺이다.

깨달음이란 무엇인가?
깨달음이란 마음 자체에서 분별하는 망념이 사라진 상태이다. 망념이 사라지면 마음은 허공처럼 어디에 도 걸림이 없게 되어 일체의 구분이 사라지고, 모든 존재의 근거가 하나[法界一相]가 된다. 이것이 여래의 평등한 법신法身이다. 법신이란 형색을 갖춘 몸이 아니다. 법신은 진여 그 자체이고, 여래의 근거이다.
이 법신에 의지하여 본래적 깨달음인 본각本覺을 말할 수 있다. 왜 본래적 깨달음인가? 근본적 무지인 불각의 상태로부터 비로소 깨달아 가는 시각始覺과 대비하여 말하기 때문이다. 이렇게 명칭으로는 본각과 시각을 구별할 수 있지만, 본질적으로 둘 다 깨달음이라는 점에서는 본각과 시각은 같은 것이다.

시각이란 무엇인가?
본각이 있기 때문에 깨닫지 못한 불각이 있다. 근본적인 무지인 불각이 있기 때문에 비로소 깨달아 가는 시각始覺이 있다. 깨달음 중에서도 마음의 근본을 깨닫는 것을 완전한 깨달음, 구경각究竟覺이라고 한다. 마음의 근본을 깨닫지 못하면 아직 구경각이 아니다.

3-2.
중생에서 붓다로 가는 길

불각에서 구경각까지 네 가지 시각의 모습이 있다.

첫째, 범부들은 마음에 부정적인 생각이 일어난 것을 깨달아 알게 되면 곧 뒤의 생각을 그쳐서 다시 그 생각이 일어나지 않게 하려고 노력한다. 범부의 이런 상태를 깨달아 안다는 점에서 깨달음이라고 말할 수는 있지만 엄밀하게 말하면 이것은 진여에 대한 깨달음이 아니므로 불각의 상태이다.

둘째, 관찰 수행을 하는 성문·연각이나 처음 발심한 보살 등은 생각이 일어날 때마다 생각의 모습이 달라지는 것을 깨닫는다. 그리하여 계속 달라지는 생각 속에 다르다고 분별할 수 있는 것이 없음을 깨닫게 되면, 대상에 대하여 거칠게 분별하여 집착하는 모습에서 벗어날 수 있다. 이런 상태를 구경각과 모습이 비슷한 깨달음인 상사각相似覺이라고 한다.

셋째, 오랫동안 수행한 법신보살* 등은 생각이 머무는 모습을 깨닫는다. 그리하여 망념에는 머무는 모습이라고 분별할 수 있는 것도 없음을 깨닫게 되면 대상을 분별하는 거친 망념에서 벗어날 수 있다. 이것을 수행의 단계가 깊어짐에 따라, 조금씩 구경각에 가까워지는 깨달음인 수분각隨分覺이라고 한다.

넷째, 보살로서의 수행을 완전히 마치면 중생구제를 위한 실천적인 방편을 모두 갖추게 된다. 한 생각에 시각과 본각이 상응하여 마음이 처음 일어나는 것을 깨닫는다. 그리하여 그 마음이 처음 일어나는 모습도 없음을 깨닫게 되면 마음에 미세한 망념이 모두 사라지므로 마음의 본성인 진여를 얻는다. 이렇게 마음이 영원히 고요한 상태에 머무는 것을 완전한 깨달음인 구경각이라고 한다. 이것을 경전에서는 "망념이 사라진 무념無念을 볼 수 있게 되면 곧 붓다의 지혜로 향한다"고 말한다.

---

* 보살의 수행단계에서 붓다가 되기 전 마지막 10단계를 십지(十地)라고 하고, 십지에 있는 보살을 법신보살이라고 부른다. 십지 이전에는 십신(十信), 십주(十住), 십행(十行), 십회향(十廻向)의 단계가 있다.

위에서 마음이 일어난다고 말했다고 해서 알 수 있는 마음의 최초의 모습이 있는 것은 아니다. 마음이 일어나는 것을 알아차릴 수 있는 것은 무념일 때만 가능하다. 그러므로 무념을 체득한 사람을 제외하고, 그 밖의 사람들은 누구도 깨달았다고 말할 수 없다. 중생은 본래부터 생각생각마다 분별이 이어져 일찍이 망념에서 벗어난 적이 없기 때문에 이것을 '시작을 알 수 없는 무명'[無始無明]이라고 한다.

무념을 체득하면 마음이 일어나고[生], 머물고[住], 변화하고[異], 없어지는[滅] 것을 안다. 마음의 네 가지 모습을 아는 것은 무념이 되는 것과 같다. 그러므로 무념일 때는 실제로 시각의 네 단계는 아무런 차이가 없다. 마음이 일어나고, 머물고, 변화하고, 없어지는 네 가지 모습은 동시에 존재하며 어느 하나도 별도로 자립하여 존재할 수 없다. 시각의 네 가지 모습은 본래 평등하고 동일한 깨달음이기 때문이다.

3-3.
번뇌에 덮여 있어도 청정한 본래 깨달음

생멸하는 마음을 따라 번뇌로 오염되어 있는 본각은 두 가지 모습으로 나타난다. 이 두 가지 모습은 본각을 떠나지 않는다. 첫째, 지혜가 깨끗한 모습[智淨相]이다. 둘째, 불가사의한 활동의 모습[不思議業相]이다.

첫째, 본각의 깨끗한 지혜는 진여의 힘이 훈습薰習하는 것에 의지한다. 안으로는 여래장이, 밖으로는 불보살과 선지식이 훈습하는 힘이 작용하여, 진실하게 수행하게 하고, 진여를 깨닫기 위한 모든 방편을 갖추게 한다. 여래장과 생멸이 결합한 알라야식을 깨뜨리고, 번뇌를 상속하는 마음을 제거하면, 진여 법신이 나타나 지혜가 순수하고 깨끗해진다.
이것은 무슨 의미인가? 생멸하는 마음에서 일어나

는 모든 인식작용은 모두 근본적 무지인 무명의 모습이다. 그런데 무명의 모습은 깨달음 자체에서 분리할 수 없다. 따라서 깨달음과 무명의 결합은 깨뜨릴 수 있다고도 깨뜨릴 수 없다고도 할 수 없다.

비유하면 큰 바다에 바람이 불어 파도가 일어나면 물과 바람을 서로 떼어 낼 수 없는 것과 같다. 물은 스스로 움직이지 않으므로 만약 바람이 멈추면 파도도 멈춘다. 그러나 파도가 멈추어도 물의 습한 성질은 파괴되지 않는다. 이와 같이 중생의 본디 깨끗한 마음[自性淸淨心]도 무명의 바람으로 인하여 움직이지만, 마음과 무명은 다 같이 고유한 모습이 없어서 서로 떼어낼 수 없다. 마음은 스스로 움직이지 않으므로 만약 무명이 사라지면 번뇌의 상속도 사라진다. 그러나 무명이 사라진다 해도 지혜 자체는 파괴되지 않고 남아 있다.

둘째, 본각의 불가사의한 활동은 깨끗한 지혜의 힘에 의지하여 뛰어나고 놀라운 수많은 작용을 만들어 낸다. 헤아릴 수 없이 많은 능력이 항상 단절되지 않고, 중생의 근기에 따라 저절로 반응하여 여러 가지 모습으로 나타나 중생들이 이익을 얻게 한다.

3-4.
깨달음 자체는 맑은 거울과 같다

깨달음 자체의 깨끗한 성품을 밝힌다. 깨달음 자체
에는 네 가지의 큰 뜻이 있다. 깨달음 자체는 허공과
같아 차별이 없고 맑은 거울처럼 비추지 않는 것이
없다.

첫째, 깨달음 자체는 있는 그대로 텅 빈 거울[如實空鏡]
이다.
주체와 대상을 구분하는 모든 차별적인 경계를 멀리
떠났으므로 그 거울에는 아무것도 나타나지 않는다.
텅 빈 거울에는 깨달음의 지혜로 비춘다는 뜻마저
없다.
둘째, 깨달음 자체는 원인이 되어 중생을 훈습하는
거울[因薰習鏡]이다.

있는 그대로 충만[如實不空]하다는 뜻이다. 모든 세간의 깨끗한 마음의 작용이 모두 그 안에 나타나서, 나가지도 들어오지도 않고, 잃어버리지도 파괴되지도 않고, 하나의 마음인 채로 언제나 머문다. 하나의 마음에 나타난 모든 것은 진실이기 때문이다.

또 깨달음 자체는 어떤 번뇌로도 오염시킬 수 없다. 지혜 자체는 움직이지 않더라도, 중생을 훈습할 수 있는 깨끗함이 충만하다.

셋째, 깨달음 자체는 번뇌를 벗어난 거울[法出離鏡]이다. 있는 그대로 충만한 진여는 번뇌라는 장애물과 지혜를 가로막는 온갖 장애물로부터 벗어나 있고, 여래장과 생멸이 결합한 알라야식을 떠났으므로 지혜가 순수하고 깨끗하고 밝다.

넷째, 깨달음 자체는 조건이 되어 중생을 훈습하는 거울[緣薰習鏡]이다.

번뇌를 벗어났으므로 중생의 마음을 두루 비추어서 선근을 닦게 하고, 중생의 망념에 감응하여 나타날 수 있다.

3-5.
깨닫지 못한 마음의 모습

불각이란 존재의 공통근거인 진여가 하나임을 있는 그대로 알지 못하는 것이다. 그 때문에 불각의 마음이 일어나 망념이 생겨난다. 망념은 고유한 모습이 없으므로 본각과 불가분의 관계에 있다.

마치 길을 잃은 사람이 가야 할 방향이 정해져 있기 때문에 길을 잃은 것과 같다. 만약 방향이 정해져 있지 않다면 길을 잃을 일도 없다. 중생 역시 그러하다. 깨달음이 있기 때문에 깨달음에 의지하여 미혹이 있다.

만약 깨달음이 없다면 깨닫지 못함도 없다. 불각이라는 망상의 마음이 있기 때문에 이름과 의미를 분별하여 참된 깨달음[眞覺]에 대해 말할 수 있다. 만약 불각이라는 허망한 마음이 없다면 참된 깨달음이라고 말할 수 있는 것도 없다.

불각에 의지하여 생멸하는 마음에는 알아차리기 어려운 세 가지 미세한 모습이 생겨난다. 이 세 가지 미세한 모습은 불각과 떼려야 뗄 수 없는 관계이다.

첫째, 무명이 일으키는 업[無明業相]이다.
근본적 무지인 불각으로 인하여 마음이 움직이는 것을 업業이라고 한다. 진여를 깨달으면 마음은 움직이지 않는다. 마음이 움직이므로 괴로움이 생긴다. 괴로움이라는 결과는 무명이라는 원인과 분리할 수 없다.
둘째, 마음이 움직여 보는 작용[能見相]이 일어난다.
마음이 움직이므로 볼 수 있게 된다. 마음이 움직이지 않으면 보는 작용은 없다.
셋째, 보는 작용과 함께 보이는 대상[境界相]이 나타난다.
보는 작용에 의지해 보이는 대상이 허망하게 나타난다. 보는 작용이 없으면 보이는 대상도 없다.

무명의 업이 보는 것과 보이는 것을 분별하여 마음에 대상이 나타나면, 이를 조건으로 하여 다시 여섯 가지의 마음의 거친 모습이 생겨난다. 여섯 가지는 무엇인가?

첫째, 분별하는 앎[智相]이다.
마음에 나타난 대상을 따라 대상에 대해 좋아하고 싫어하는 앎을 일으킨다.
둘째, 분별하는 앎의 상속[相續相]이다.
좋아하고 싫어하는 것을 분별하는 앎에 의지하여 괴로움과 즐거움이 일어나고, 일어난 망념이 서로 반응하면서 끊어지지 않는다.
셋째, 대상에 대한 집착[執取相]이다.
망념이 의지하는 대상에 대해 괴로움과 즐거움을 붙들고 유지하면 집착이 일어난다.
넷째, 이름에 대한 분별[計名字相]이다.
헛된 집착에 의지하여 임시로 이름과 개념을 세워서 분별한다.
다섯째, 온갖 업을 일으킨다[起業相].
이름과 개념에 얽매여 이름을 생각하고 집착하면서 온갖 업을 짓는다.
여섯째, 업에 묶인 괴로움이다[業繫苦相].
업에 따라 과보를 받으므로 삶이 자유롭지 못하고 괴로움을 겪게 된다.

무명이 모든 오염된 마음을 낳는다는 것을 알아야만
한다. 오염된 마음은 모두 깨닫지 못한 불각의 여러
가지 모습이기 때문이다.

3-6.
각과 불각은 서로에게 기대어 있다

각과 불각의 관계에 두 가지 양상이 있다. 두 가지는
무엇인가? 각과 불각의 공통점, 그리고 각과 불각의
다른 점이다.

각과 불각의 공통점은 무엇인가?
비유하면 갖가지 질그릇이 모양은 달라도 모두 흙으
로 빚어진 것처럼 번뇌에 물들지 않은 깨달음이 만
든 업이든, 무명 불각이 만든 업이든, 모두 진여 자체
의 모습이다. 그러므로 경전에서도 진여의 뜻에 의지
하여 다음과 같이 설한다. "모든 중생이 본래 열반에
들어가 상주하고 있으니 깨달음은 닦을 수 있는 것도
아니고, 만들어 낼 수 있는 것도 아니어서 끝내 얻을
수 없다." 또한 "진여에는 볼 수 있는 형색이 없다. 만

일 형색을 보는 일이 있다면 그것은 다만 중생의 오
염된 업의 차별을 따르는 것일 뿐이다. 진여의 지혜
에는 형색이 없다. 진여의 지혜는 볼 수 있는 것이 아
니기 때문이다."

각과 불각의 다른 점은 무엇인가?
비유하면 갖가지 질그릇이 모양이 다른 것처럼, 번뇌
에 물들지 않은 깨달음이 만든 업과 무명 불각이 만
든 업은 서로 다르다. 깨달음은 중생의 오염된 업에
따라 다양한 모습[隨染幻差別]을 낳는다. 반면 무명 불
각은 오염을 본성으로 하는 다양한 모습[性染幻差別]을
낳는다.

낭송Q시리즈 북현무
낭송 대승기신론

4부
마음이 일으키는 생멸의 인연

4-1.
알라야식이 전개하는 생멸의 연기

생멸을 일으키는 인연은 무엇인가?

중생은 마음에 의지하여 의意와 의식意識이 전개된다.
이것은 무슨 의미인가? 알라야식에 의지해서 무명
이 있다. 깨닫지 못한 불각이 마음을 움직여, 보는 마
음과 대상을 나타내는 마음이 펼쳐진다. 이렇게 해서
나타난 대상은 마음이 만든 것일 뿐인데도, 대상이
실제로 있다고 집착하고 망념을 계속해서 상속한다.
이러한 마음의 활동을 의意*라고 한다. 이 의意는 분별

---

* 불교에서는 마음의 활동을 심(心), 의(意), 식(識)으로 구분해 왔다. 세 가지가
모두 동일한 마음의 활동을 표현하기도 하고, 경우에 따라서는 서로 다른 기능
을 갖는 것으로 설명되기도 한다. 구분할 경우 '심'은 알라야식, '의'는 헤아리는
인식활동의 본체, '식'은 대상을 분별하는 의식으로 사용한다. 의는 산스크리트
어 마나스(manas, 末那)의 번역어로, 나와 내것을 자세히 헤아리는 사량(思量)을
속성으로 갖는 인식활동을 통틀어 의(意)라고 한다. 『기신론』은 업식, 전식, 현
식, 지식, 상속식 5종을 의(意)라고 한다.

하면 다섯 가지가 있다.

첫째, 무명이 일으키는 마음인 업식業識이다.
업식은 무명의 힘이 원인이 되어 불각의 마음을 움직인다.
둘째, 업식이 전환한 마음인 전식轉識이다.
전식은 움직이는 마음에 의지하여 대상을 볼 수 있다.
셋째, 대상을 나타내는 마음인 현식現識이다.
모든 대상을 나타내는 마음인 현식은, 마치 밝은 거울이 형태와 색채를 나타내는 것과 같다. 이것은 빛깔·소리·냄새·맛·촉감의 다섯 가지 경계를 따라 대상을 만나게 되면, 앞뒤의 구별 없이 대상을 즉시 나타낸다. 항상 마음이 움직이면, 반드시 현식이 일어나 대상이 바로 앞에 있게 된다.
넷째, 분별하는 마음인 지식智識이다.
지식은 오염된 것[染]과 오염되지 않은 것[淨]을 분별한다.
다섯째, 지속하는 마음인 상속식相續識이다.
상속식은 망념이 서로 관계하여 이어지게 하고, 한없는 과거로부터 쌓아 온 선악의 업을 보존하여 잃어버리지 않게 한다. 과거에 지은 선악이 낳은 현재와 미래의 괴로움과 즐거움 등 과보를 성숙시켜, 인과가 어긋나지 않게 한다. 또 이미 경험한 일을 지금 홀연히 생각하게 하고, 미래의 일에 대해 알지 못하는 사이에 부질없이 사려하게 한다.

4-2.
중생의 세계는 오직 마음이 만든 것이다

중생이 살아가는 모든 세계[三界]는 허위이고 오직 마음이 만든 것이다. 그러므로 마음을 떠나면 형색·소리·냄새·맛·감촉·개념의 여섯 경계가 포괄하는 모든 대상도 없다. 이것은 무슨 의미인가?

모든 것은 모두 마음을 따라 일어난 것이고, 망념에서 생겨났다. 모든 분별은 곧 자신의 마음을 분별하는 것에 지나지 않는다. 마음은 마음을 보지 못하므로 얻을 수 있는 어떤 모습도 없다. 세간의 모든 인식된 대상은 모두 중생의 무명에 의지하여 허망한 마음을 따라 유지되고 있음을 알아야 한다. 그러므로 모든 것은 거울에 비친 영상과 같아서 얻을 수 있는 고유한 본질이란 없다. 오직 마음일 뿐이어서 허망하다. 마음이 일어나면 온갖 것들이 일어나고, 마음이 사라지면 온갖 것들이 사라진다[心生則 種種法生 心滅則 種種法滅].

의식이란

의식意識이란 곧 상속식이다. 범부가 대상에 대해 집착하는 것이 점점 깊어져 나와 남, 내 것과 남의 것을 구분한다. 나다, 내 것이다 따지면서 온갖 애착을 내고, 세간의 이런 저런 일에 붙들려 여섯 종류의 대상을 분별하는 것을 의식이라고 한다. 개별 대상을 분리하여 인식한다는 의미에서 분리식分離識이라고도 한다.

또 여러 가지 사물과 사태에 따라 대상을 분별한다는 의미로 분별사식分別事識이라고도 한다. 의식은 그릇된 견해에서 일어나는 번뇌와 애착에서 일어나는 번뇌에 의지하여 허망한 분별을 강화한다.

무명은 홀연히 일어난다

무명의 훈습에 의해 일어나는 미세한 마음은 범부로서는 알 수 없다. 또한 성문·연각의 지혜로 알 수 있는 것도 아니다. 보살의 경우에도 처음 믿음을 일으켜 발심하고, 잘 관찰·수행하여, 법신보살의 경지를 체득했다 하더라도 조금밖에 알 수 없다. 보살이 붓

다가 되기 직전의 마지막 단계에 이르러도 다 알 수
는 없다. 오직 붓다만이 완전히 알 수 있다.

중생의 마음은 본래부터 청정하지만 무명이 물들였
기 때문에 오염된 마음이 있다. 비록 오염된 마음이
있더라도, 본래부터 청정한 마음의 본성이 항상 그대
로 있다는 것은 오직 붓다만이 알 수 있을 뿐이다. 마
음의 본성은 언제나 무념이므로 항상 그대로 있다.

모든 존재의 공통 근거가 하나라는 것을 체득하지 못
하였기 때문에, 마음의 본성과 상응하지 못하여 홀연
히 망념이 일어나는 것을 무명이라고 한다[不達一法界
故 心不相應 忽然念起 名爲無明].

4-3.
여섯 가지 오염된 마음과 번뇌의 제거

오염된 마음에는 여섯 가지가 있다: 여섯 가지는 무엇인가?

첫째, 대상과 상응하여 집착하는 오염된 마음[執相應染]이다.

성문·연각이 해탈할 때와 보살이 믿음을 성취하는 단계[信相應地]에 들어가면 없앨 수 있다.

둘째, 대상과 상응하여 상속하는 오염된 마음[不斷相應染]이다.

상속식에 있는 번뇌이다. 믿음을 성취한 보살이 방편을 배우고 닦으면서 점차 없애 나가다가 법신보살의 첫 단계인 마음이 맑은 경지[淨心地]에 이르면 완전히 없앨 수 있다.

세번째, 대상과 상응하여 분별하는 오염된 마음[分別
智相應染]이다.

법신보살의 두번째 단계인 계율을 몸에 익힌 경지[具
戒地]에 이르면 점점 떠나기 시작하고, 일곱번째 단계
에서 모든 현상적 존재에는 일정한 형상이 없다는 것
을 깨닫게 되면[無相方便地] 완전히 없앨 수 있다.

넷째, 상응하지 않고 대상을 나타내는 오염된 마음[現
色不相應染]이다.

법신보살의 여덟번째 단계인 물질적 대상으로부터
자유자재한 경지[色自在地]에서 없앨 수 있다.

다섯째, 상응하지 않고 대상을 볼 수 있는 오염된 마
음[能見心不相應染]이다.

법신보살의 아홉번째 단계인 마음이 자유자재한 경
지[心自在地]에서 없앨 수 있다.

여섯째, 상응하지 않고 근본업을 일으키는 오염된 마
음[根本業不相應染]이다.

보살의 모든 수행단계를 다 마치고[菩薩盡地] 여래의
경지[如來地]에 들어가면 없앨 수 있다.

모든 존재의 공통 근거가 진여임을 확실하게 깨닫지
못한 중생은 믿음을 성취한 다음 번뇌를 관찰하고 번
뇌를 끊는 것을 배운다. 법신보살의 첫 단계에서는

집착하는 번뇌를 제거할 수 있다. 점차 수행이 깊어지는 만큼 오염된 마음을 차례로 없애 나갈 수 있다. 여래의 경지에 이르게 되면 모든 오염된 마음이 사라진다.

상응과 상응하지 않는 것의 의미

상응이란 무슨 뜻인가? 거친 마음에서는 마음[心]과 마음의 작용[心]이 확실히 구별된다. 거친 마음에서는 오염과 청정을 구별하여 집착하고 분별하며, 인식하는 주체와 인식하는 대상이 구분되어 서로 호응하므로 상응이라고 한다.

상응하지 않는다는 것은 무슨 뜻인가? 미세한 마음에서는 마음과 불각이 서로 분리되지 않아 마음과 마음의 작용이 구별되지 않는다. 인식하는 주체와 인식하는 대상 역시 구분되지 않아 서로 호응하지 않으므로 상응하지 않는다고 한다.

오염된 마음과 무명은 어떻게 다른가

오염된 마음은 번뇌를 일으키는 장애이다. 오염된 마음은 진여의 근본 지혜를 방해한다.

무명은 일상의 지혜를 가로막는 장애이다. 무명은 세간에서 자연스럽게 활동할 수 있는 지혜를 방해한다.

이것은 무슨 뜻인가?

오염된 마음에 의지하여 보는 주체와 보이는 대상이 나타나고, 그 결과 나타난 대상에 헛되이 집착하게 된다. 오염된 마음은 진여의 평등한 본성과 어긋나서 번뇌를 일으킨다.

진여문에서는 모든 것이 언제나 고요하여 차별하는 모습이 일어나지 않는다. 그런데 무명 불각은 모든 것에 대하여 있는 그대로의 모습을 보지 못하게 하고, 세간의 모든 것을 두루 아는 진여의 지혜를 따르지 못하게 하여 일상의 지혜를 가로막는다.

4-4.
마음이 생멸하는 모습

마음이 생멸하는 모습을 분별하면 두 가지가 있다.

첫째, 주체와 대상이 상응하는 거친 모습이다. 둘째,
주체와 대상이 상응하지 않는 미세한 모습이다.

거친 모습 중에서 거친 것이 범부가 아는 마음이다.
거친 모습 중에서 미세한 것과 미세한 모습 중에서
거친 것이 보살이 아는 마음이다. 미세한 모습 중에
서 미세한 것이 붓다가 아는 마음이다.

무명 훈습이 원인이 되고 조건이 되어 이러한 거친
모습과 미세한 모습의 생멸이 있게 된다. 무명 훈습
의 원인[因]이 되는 것은 불각이다. 무명 훈습의 조건
[緣]이 되는 것은 허망한 마음이 만들어 낸 거짓된 대
상이다. 원인인 불각이 없어지면 상응하지 않는 미세

한 마음이 없어지고, 조건이 되는 경계가 없어지면 대상과 상응하는 거친 마음도 없어진다.

묻는다. 만약 마음이 없어지면 어떻게 마음이 상속될 수 있는가? 만약 상속된다면 어떻게 마음이 없어진다고 말할 수 있는가?

답한다. 없어진다는 것은 오직 마음의 생멸하는 모습이 없어진다는 뜻이지, 마음 자체가 없어진다는 뜻이 아니다. 마치 바람이 물에 의지하여 움직이는 모습이 나타나는 것과 같다. 만약 물이 없어지면 바람의 모습도 단절되고 의지할 곳이 없게 된다. 물이 없어지지 않으므로 바람의 모습이 이어진다. 오직 바람이 없어질 때라야 물이 움직이는 모습이 바람이 멈추는 것을 따라서 없어지는데 이것은 물이 없어지는 것은 아니다.

무명 역시 그래서 마음 자체에 의지하여 움직인다. 만약 마음 자체가 없어지면 중생은 단절되어 의지할 데가 없게 된다. 마음 자체가 없어지지 않으므로 마음이 이어질 수 있다. 오직 어리석음이 없어질 때에만 마음의 생멸하는 모습도 어리석음이 사라지는 것을 따라서 없어지는데, 이것은 마음의 지혜가 없어지는 것은 아니다.

낭송Q시리즈 북현무
낭송 대승기신론

5부
무명과 진여는
서로를 물들인다

5-1.
번뇌가 이어지는 무명훈습

오염된 마음과 깨끗한 마음이 일어나서 단절되지 않
는 것은 네 종류의 훈습이 있기 때문이다. 그 네 가지
는 무엇인가? 첫째, 깨끗한 진여의 훈습이다. 둘째,
모든 오염의 원인인 무명의 훈습이다. 셋째, 무명이
만든 허망한 마음[妄心]인 업식에 의한 훈습이다. 넷
째, 업식이 만든 허망한 대상[妄境界]에 의한 훈습이다.
훈습이란 옷에는 향기가 없지만 사람이 향을 뿌리면
향기가 스며드는 것과 같다. 이처럼 진여는 깨끗해서
어떤 오염도 없는데, 다만 무명이 훈습하였기 때문에
오염된 모습이 나타난다. 무명은 오염되어서 어떤 깨
끗한 활동도 없는데, 다만 진여가 훈습하였기 때문에
깨끗한 진여의 작용이 일어난다.
어떻게 훈습이 일어나서 오염된 마음이 끊어지지 않

고 이어지는가? 진여가 있으므로 무명이 있다. 시작을 알 수 없는 때로부터 오염의 원인인 무명이 있어서 진여를 훈습한다. 무명이 진여를 훈습하면 허망한 마음이 나타난다. 허망한 마음이 있으면 바로 무명을 훈습한다. 진여를 체득하지 못했기 때문에 깨닫지 못한 망념이 일어나 실재하지 않는 대상을 마치 있는 것처럼 나타낸다. 이러한 허망한 대상을 보는 것이 조건이 되어 다시 허망한 마음을 훈습한다. 망념이 대상에 집착하여 온갖 업을 짓게 하고, 그 업의 과보로 몸과 마음이 온갖 괴로움과 즐거움을 받는다.

허망한 대상에 의한 훈습에는 두 가지가 있다. 첫째, 망념을 키우는 훈습이다. 둘째, 집착을 키우는 훈습이다. 허망한 마음에 의한 훈습에도 두 가지가 있다. 첫째, 무명이 움직인 마음인 업식에 대한 근본적인 훈습이다. 이것으로 성문·연각과 모든 보살이 생멸의 고통을 받는다. 둘째, 대상을 분별하는 의식인 분별사식을 키우는 훈습이다. 이것으로 범부가 업에 얽매이는 괴로움을 받는다.

무명 훈습에도 두 가지가 있다. 첫째, 근본훈습이다. 업식을 일으킨다. 둘째, 그릇된 견해로 인한 번뇌와 애착으로 인한 번뇌를 일으키는 훈습이다. 대상을 분별하는 의식을 일으킨다.

5-2.
번뇌를 지워 가는 진여훈습

어떻게 훈습이 일어나서 깨끗한 마음이 끊어지지 않고 이어지는가? 중생의 마음에 진여가 있기 때문에 무명을 훈습한다. 진여 훈습이 원인이 되고 조건이 되어, 그 인연의 힘으로 허망한 마음이 생사의 고통을 싫어하고 기꺼이 열반을 구하게 된다. 허망한 마음이 생사의 고통을 싫어하고 열반을 구하게 되면 그것이 인연이 되어서 바로 진여를 훈습한다. 그 결과 스스로 자신에게 여래장이 있다는 것을 믿고, 바로 앞에 나타난 대상은 마음이 움직여서 만들어 낸 허망한 것임을 알아, 번뇌로부터 멀리 벗어나려는 수행을 한다. 앞에 나타난 대상은 마음이 만든 것일 뿐 실제로는 없다는 것을 있는 그대로 알게 되면, 여러 가지 수행 방법으로 진여를 따르는 수행을 계속한다. 대상에 집착하지도 않고, 대상을 생각하지도 않으면서 오래 수행하면, 훈습의 힘에 의하여 이윽고 무명이 없어진다. 무명이 없어지면 마음이 일어나지 않고, 마음이 일어나지 않으면 대상도 따라서 없어진다. 번뇌를 일으키는 원인과 조건이 모두 없어지면 마음이 생멸하는 모습은 모두 사라진다. 이렇게 되면 열반을 얻고, 일상에서 자연스럽게 중생을 구제할 수 있다.

허망한 마음에 의한 훈습에 두 가지가 있다.

첫째, 대상을 분별하는 의식에 의한 훈습[分別事識熏習]이다. 범부와 성문·연각의 수행자들이 생사의 고통을 싫어하게 하고, 각자의 능력에 따라 단계적으로 최고의 깨달음을 향하여 나아가게 한다. 둘째, 업식, 전식, 현식, 지식, 상속식에 의한 훈습, 곧 의意에 의한 훈습[意熏習]이다. 모든 보살들이 발심하여 용맹하고 빠르게 열반으로 나아가게 한다.

5-3.
진여 자체의 훈습

진여훈습에는 첫째, 진여 자체의 능력에 의한 훈습[自
體相薰習]과 둘째, 진여의 작용에 의한 훈습[用薰習] 두
가지가 있다.

진여 자체의 능력에 의한 훈습이란 무엇인가?
진여 자체는 시작도 알 수 없는 때로부터 번뇌가 없
는 깨끗함을 갖추어서 중생을 구제하는 불가사의한
활동력과 중생의 허망한 마음에 진여라는 인식 대상
을 만들어 내는 능력이 있다. 진여 자체는 이 두 가지
능력으로 항상 단절되지 않고 훈습한다. 훈습의 힘이
있으므로 중생이 생사의 고통을 싫어하고 기꺼이 열
반을 구하고 스스로 자신의 안에 진여가 있다는 것을
믿고 발심하여 수행할 수 있다.

묻는다. 만약 그렇다면 모든 중생에게 진여가 있어서 누구라도 똑같이 진여로 훈습되고 있을 터인데 어찌하여 누구는 신심이 있고, 누구는 신심이 없는 등 수많은 차이가 있는가? 당연히 모두 동시에 진여가 있다는 것을 알아서 부지런히 수행하여 열반에 들어야 옳지 않겠는가?

답한다. 진여는 본래 하나이지만 무명은 헤아릴 수 없을 정도로 많아서 본래부터 수많은 차이가 있으며 두텁고 얇은 정도도 다르다. 갠지스강의 모래보다 더 많은 번뇌들이 무명에 의해 수많은 차이가 생겨나고, 잘못된 견해로 인한 번뇌와 애착을 일으키는 감정적인 번뇌도 무명에 의해 수많은 차이가 생겨난다. 이처럼 모든 번뇌는 무명에 근거하여 일어나고 시간적으로도 한량없는 차이가 있다. 이러한 차이는 중생은 알 수 없고 오직 붓다만이 알 수 있다.

또 모든 붓다의 가르침을 만나는 데도 원인이 있고 조건이 있어서 인연을 모두 갖추어야 비로소 가르침이 실현된다. 예를 들면 나무에 불의 성질이 있는 것이 나무에 불이 붙는 직접 원인이 되지만, 만약 사람들이 나무에 불을 붙이는 방법을 모른다면, 불의 성질이 있더라도 나무를 태울 수 없는 것과 같다.

중생 역시 그러하다. 비록 직접 원인인 진여 훈습의

힘이 있더라도, 만약 여러 불보살과 선지식 등 외부에서 그를 돕는 인연을 만나지 못하면, 스스로 번뇌를 끊고 열반에 드는 것은 불가능하다. 비록 외부에서 돕는 인연의 힘이 있더라도, 내적으로 깨달음을 향한 마음에 아직 훈습의 힘이 생겨나지 않으면, 생사의 고통을 완전히 떠나고 기꺼이 열반을 구하는 것 역시 불가능하다.

그러나 인연이 갖추어지면, 안으로 진여 훈습의 힘이 있고 또 밖으로 여러 불보살 등이 자비로이 보호하기 때문에, 괴로움에서 벗어나고자 하는 마음을 일으키고, 열반이 있음을 믿고, 선근을 닦아 익힐 수 있다. 선근을 닦아 선근이 성숙하면 여러 불보살의 가르침을 만나서 이익과 기쁨을 누리게 된다. 마침내 앞으로 나아가 열반의 길로 향한다.

5-4.
진여의 작용에 의한 훈습

진여의 작용에 의한 훈습이란 곧 바깥에서 중생을 훈습하는 인연의 힘을 말한다. 외부의 인연에는 수많은 종류가 있지만 두 가지로 요약할 수 있다. 첫째, 사람에 따라 다르게 작용하는 인연이다. 둘째, 누구에게나 평등하게 작용하는 인연이다.

사람에 따라 다르게 작용하는 인연이란 무엇인가? 어떤 사람이 모든 불보살 등의 도움에 의하여 처음 발심하여 도를 구하기 시작하여 도를 얻는 과정에서, 눈으로 보거나 마음으로 생각할 때 불보살이 다른 모습으로 나타나는 것이다. 때로는 부모, 가족, 친척이 되거나, 심부름꾼이 되거나, 잘 아는 벗이 되거나, 원수가 된다. 때로는 보시를 베풀고, 다정하게 말하고,

도움을 주고, 동고동락하는 모습으로 나타난다. 이렇게 모든 활동과 다양한 수행의 인연을 통하여 대자대비한 훈습의 힘으로 중생의 선근을 키워 주고, 여러가지 모습을 보이거나 말소리를 통하여 이익을 얻게한다.

사람에 따라 다르게 작용하는 인연에는 두 가지가 있다.
첫째, 가까운 인연과 둘째, 먼 인연이다. 가까운 인연은 빠르게 해탈에 이르게 한다. 먼 인연은 오랜 시간이 지난 후에 해탈에 이르게 한다.
가까운 인연과 먼 인연에는 다시 수행을 증장시키는인연과 깨달음을 얻게 하는 인연이 있다.

누구에게나 평등하게 작용하는 인연이란 무엇인가?
모든 불보살은 중생들이 모두 성불하고 해탈하기를서원하여 자연스럽게 중생을 훈습하고 언제나 중생을 떠나지 않는다. 이들 불보살은 중생을 한 몸으로여기는 지혜의 힘으로 중생이 듣고 보는 것에 응하여그 작용을 나타낸다. 중생이 삼매에 들면 누구라도붓다를 볼 수 있기 때문에 그것을 평등하게 작용하는인연이라고 한다.

진여 자체의 훈습과 진여의 작용에 의한 훈습도 다시 두 가지로 구분할 수 있다.

첫째, 진여와 아직 상응하지 않는 훈습이다.

범부와 성문·연각과 초발심 보살 등은 의意와 의식을 훈습하여 믿음의 힘으로 수행할 수 있다. 그러나 이들은 진여 자체와 상응하는, 분별하지 않는 마음을 아직 얻지 못하였다. 또한 진여의 작용과 상응하는, 자유자재한 중생구제 활동과 수행의 능력을 아직 얻지 못하였다. 그러므로 진여와 아직 상응하지 않는 훈습이라고 한다.

둘째, 진여와 이미 상응한 훈습이다.

수행이 깊은 법신보살이 붓다의 지혜의 작용과 상응하여 분별하지 않는 마음을 체득하고, 오직 진여의 힘에 의해 애쓰지 않아도 자연스럽게 수행하고 진여 훈습으로 무명을 제거한 것을 말한다.

무명과 허망한 마음 그리고 허망한 대상 등의 오염에 의한 훈습은 시작도 알 수 없는 과거로부터 이어지다가 붓다가 된 후에야 단절된다. 그러나 청정한 훈습은 미래가 다하도록 끊어지지 않는다. 무슨 의미인가?

무명은 붓다가 되면 단절되지만 진여는 붓다가 된 이

후에도 언제나 오염된 마음에 대한 훈습을 그치지 않는다. 허망한 마음이 없어지고 법신이 현현하면, 법신은 모든 중생에게 외부의 인연이 되어서 진여의 작용에 의한 훈습을 일으킨다. 이러한 작용은 영원히 결코 단절되는 일이 없다.

낭송Q시리즈 북현무
낭송 대승기신론

6부
중생의 마음은 크다

6-1.
진여 자체의 능력은 위대하다

진여 자체의 능력은 모든 범부와 성문·연각, 보살, 붓
다, 누구에게나 한결같아서 늘어나지도 않고 줄어들
지도 않는다. 진여 자체와 모습은 앞서 생겨난 것도
아니고, 언젠가 사라지는 것도 아니므로 언제나 변함
이 없다.

진여 자체는 본래부터 저절로 공덕을 갖추고 있다.
진여 자체에는 위대한 지혜와 광명의 뜻이 있고, 모
든 존재를 두루 비춘다는 뜻이 있고, 참된 앎이라는
뜻이 있고, 본성이 깨끗하다는 뜻이 있다. 진여 자체
에는 영원하고 안락하고 실재하고 청정하다는 뜻이
있고, 번뇌의 뜨거움이 사라져 맑고 시원하며 변하지
않고 자유자재하다는 뜻이 있다.

이와 같이 나눌 수 없고, 끊을 수 없고, 둘이 아닌, 불

가사의한 붓다의 가르침을 갠지스강의 모래보다 더 많이 갖추고 있으며, 어떠한 결핍도 없이 완전한 것을 여래장이라고 한다. 또한 여래의 법신이라고 한다.

묻는다. 진여는 그 자체가 평등하여 모든 차별을 떠났다고 말해 놓고 어찌하여 다시 진여 자체에 이처럼 여러 가지 공덕을 갖추었다고 말하는가?

답한다. 진여에 실로 이러한 모든 공덕이 많지만 어떤 차별의 모습도 없다. 진여는 동등한 하나의 맛이며 오직 하나일 뿐이다. 이것은 무슨 뜻인가? 분별도 없고, 분별하는 모습도 없기 때문에 둘이 아니다. 진여가 하나인데 어찌하여 마음의 차별을 말할 수 있는가? 무명으로 인하여 움직이는 마음인 업식이 있어 마음의 생멸하는 모습이 나타난다. 어떻게 생멸이 나타나는가? 우리가 인식하는 모든 것은 본래 오직 마음일 뿐이므로 실로 망념은 없다. 그렇지만 업식으로 인하여 허망한 마음이 일어나면, 깨닫지 못한 불각이 망념을 일으켜 온갖 차별적인 대상을 보게 한다. 이것을 무명이라고 한다.

마음의 본성은 움직이지 않는다. 이것은 위대한 지혜와 광명이 있다는 의미이다. 만약 마음이 보는 작용을 일으켜 보이는 대상이 생기면 보이지 않는 것이 있게 된다. 마음의 본성이 보는 작용을 떠나는 것이 곧 모든 존재를 두루 비춘다는 뜻이다.

만약 마음에 움직임이 있으면 참된 앎이 아니다. 마음에 움직임이 있으면, 본디 깨끗한 본성이 있다는 것을 모른다. 마음에 움직임이 있으면 진여가 영원하고 안락하고 실재하고 청정한 것임을 모른다. 마음에 움직임이 있으면 번뇌로 뜨거워지고, 영고성쇠를 겪게 된다. 마음에 움직임이 있으면 자유자재하지 못하고, 갠지스강의 모래보다 더 많은 오염이 있게 된다.

이와 달리 마음에 움직임이 없으면 갠지스강의 모래보다 더 많은 청정한 공덕이 나타난다. 만약 마음에 움직임이 있으면 바로 앞에 생각할 수 있는 대상이 보이게 된다. 보이는 대상이 있으면 보이지 않는 것이 생기므로 결여가 있게 된다. 이와 같이 청정한 진여의 헤아릴 수 없이 많은 능력은 모두 하나의 마음이므로 여기에는 다시 생각할 어떤 대상도 없다. 그러므로 어떠한 결핍도 없이 완전한 것을 법신 여래장이라고 부른다.

6-2.
자유자재한 진여의 작용은 위대하다

진여의 작용이란 무엇인가?

모든 붓다들은 아직 깨달음을 얻기 전의 수행자 지
위인 보살로 있을 때 대자비의 마음을 일으킨다. 완
전한 해탈을 위한 수행으로 보시바라밀, 지계바라밀,
인욕바라밀, 선정바라밀, 정진바라밀, 반야바라밀*을
닦아서 모든 중생들을 남김없이 교화하기 위해 노력
한다. 보살은 큰 서원을 세워서 모든 중생계를 남김
없이 제도하고 해탈시키기를 원한다. 보살은 시간에
제한을 두지 않고 영원히 모든 중생을 자신의 몸과
같이 여기기 때문에 중생과 자신을 차별하지 않는다.

* 육바라밀이다. 바라밀은 피안으로 건너간다는 뜻의 산스크리트어인 파라미타
(pāramitā)의 음사어이다. 바라밀은 깨달음을 향하는 보살 수행의 총칭으로 6종,
10종 등으로 나누어 6바라밀, 10바라밀이라고 한다.

무슨 뜻인가?

보살은 모든 중생과 자신이 모두 진여이고 평등하고 다르지 않다는 것을 있는 그대로 안다. 이러한 위대한 방편의 지혜가 있어서 무명을 제거하고, 본래의 법신을 보고, 자연스럽게 중생을 구제하는 불가사의한 활동으로 다양하게 작용한다. 이 작용은 진여와 더불어 어디에서나 똑같이 이루어진다. 그렇지만 여기에도 또한 진여의 작용이라고 할 만한 모습은 없다. 왜냐하면 모든 붓다는 오직 진리를 구현한 몸인 법신이며 지혜의 몸일 뿐이고, 언어를 벗어난 진리여서 말로 표현할 수 있는 대상이 아니기 때문이다. 의도를 갖고 베풀지 않고 다만 중생이 보고 듣는 것에 응하여 이익을 얻게 하므로 진여의 작용이라고 한다.

6-3.
진여의 작용이 중생에게 나타내는
두 가지 몸

진여의 작용에는 응신應身과 보신報身 두 가지가 있다.

첫째, 대상을 분별하는 의식에 의지하여 범부와 성
문·연각이 보는 진여법신을 응신이라고 한다. 범부
와 성문·연각은, 응신이란 마음이 움직여 일어난 '전
식'轉識이 나타낸 진여의 모습임을 모르기 때문에 마
음 밖에서 왔다고 생각하고 형색으로 붓다의 모습을
취한다. 범부와 이승은 진여의 작용을 완전하게 알
수 없기 때문이다.

둘째, 무명이 일으킨 마음인 업식에 의지하여, 보살
이 처음 발심한 때로부터 붓다가 되기 전까지 보는
진여법신을 보신이라고 한다. 보신은 형태와 색상이
한없이 다양하고, 그 무한한 형색에 수많은 모습이

있고, 수많은 모습들에도 한없이 미세한 구별이 있다. 보신이 머무는 곳 역시 아름답고 거룩하게 장엄한 모습으로 어디에도 나타나지 않는 곳이 없다. 끝없이 무궁하며, 특정한 형상을 갖지 않으므로, 보살이 응하는 것에 따라 항상 머무르고 유지될 수 있으며, 훼손되는 것도 잃어버리는 것도 없다. 이와 같은 능력은 모두 청정한 수행의 훈습과 불가사의한 훈습으로 성취되었다. 그 몸에 한량없는 즐거움을 과보로 갖추고 있으므로 보신이라고 한다.

범부가 응신에서 보는 것은 쉽게 파악할 수 있는 거친 형색이다. 지옥, 아귀, 아수라, 축생, 인간, 하늘이라는 여섯 갈래 중생의 삶[六道]에 따라 각각 보는 것이 달라서 갖가지 다른 종류로 나타나고, 그 몸이 중생의 몸과 같아서 즐거움을 과보로 받는 것이 아니므로 응신이라고 한다.

처음 발심한 후로부터 최후의 수행을 마칠 때까지의 보살은 진여를 깊이 믿기 때문에 조금이나마 보신을 볼 수 있다. 그들은 저 무한한 형색과 아름답고 거룩하게 장엄한 모습 등의 일은 오고가는 변화가 없고, 특정한 형상에 고정되지 않고, 오직 마음에 의지해서만 나타나고 진여와 함께한다는 것을 안다.

그러나 이 보살들은 아직 완전한 깨달음을 얻은 법신의 경지에 들지 않았기 때문에 여전히 스스로 분별한다. 만약 수행이 깊은 법신보살이, 첫 단계인 마음이 깨끗한 경지[淨心地]에 들어가게 되면 보신의 모습은 미묘해지고 보신의 작용은 더욱 빼어난 것으로 바뀐다.

나아가 보살의 마지막 단계에 이르면 궁극의 보신을 볼 수 있다. 만약 무명이 일으킨 마음인 업식이 없어지면 보이는 형상도 사라진다. 모든 붓다의 법신은 하나이므로 붓다들이 서로의 모습을 보는 일이란 없기 때문이다.

묻는다. 모든 붓다의 법신에 형색이 없는데 어떻게 응신과 보신의 형색이 나타날 수 있는가?

답한다. 진여 법신이야말로 곧 형색의 본바탕이기 때문에 형색을 나타낼 수 있다. 본래부터 형색과 마음은 둘이 아니다. 형색의 본성이 곧 지혜이기 때문에 형색의 본바탕에는 형상이 없다. 그러므로 법신을 지혜의 몸이라고 한다. 지혜의 본성이 곧 형색이기 때문에 법신이 모든 곳에 편재한다고 말한다. 법신으로 나타나는 형색은 제한이 없어서 마음을 따라 모든 세계에 나타날 수 있고, 헤아릴 수 없이 많은 보살과 보

신과 장엄은 각각 차별이 있지만 모두 어떤 제한도
없어서 서로에게 걸림이 없다. 이것은 진여의 자유자
재한 작용에 의한 것이므로 마음의 분별로서 알 수
있는 바가 아니다.

6-4.
생멸문에서 진여문으로

이제 생멸문으로부터 진여문으로 들어가는 것을 밝힌다.

모든 존재의 구성요소인 오온*을 궁구해 보면 물질과 마음, 둘로 나눌 수 있다. 그러나 망념이 없다면 모든 인식 대상은 존재할 수 없으므로 궁극적으로는 망념이 없는 무념이다. 또 마음은 형상이 없기 때문에 어디에서도 그것을 구할 수 없다. 마치 사람이 방향을 잃어서 동쪽을 서쪽이라고 말하지만 방향은 본디 바뀌지 않는 것과 같다. 중생 역시 그러하다. 무명으로

---

* 오온(五蘊)의 온(蘊)은 모아서 쌓았다는 뜻으로 오온은 생멸하고 변화하는 모든 존재를 다섯 종류로 모아서 구분한 것이다. 오온은 물질(色), 감수작용(受), 표상작용(想), 의지작용(行), 인식작용(識)의 다섯 가지이다. 이것을 색(色)과 심(心)작용의 두 가지로 분류할 수 있다. 오음(五陰)이라고도 한다.

미혹된 마음을 망념이라고 말하지만 진실로 마음은 본디 움직이지 않는다. 잘 관찰하여 마음이 무념임을 알 수 있다면 진여문에 들어갈 수 있다.

낭송Q시리즈 북현무
낭송 대승기신론

7부
잘못된 견해의 극복

7-1.
잘못된 견해란?

잘못된 집착은 어떻게 다스리는가?

모든 잘못된 견해는 사물에는 실체가 있다는 아견我見에 뿌리를 두고 있다. 따라서 아견을 극복하면 잘못된 집착도 사라진다. 아견에는 두 종류가 있다. 첫째, 사람에게 불변의 본성인 자아가 있다고 생각하는 인아견人我見이다. 둘째, 인식의 대상이 되는 모든 사물에 불변의 본성이 있다고 생각하는 법아견法我見이다.

7-2.
인아견은 어떻게 다스리는가

인아견은 범부들이 갖는 집착으로 다섯 가지가 있다.

첫째, 경전에서 '붓다의 법신은 절대적으로 적막하다. 그것은 허공과 같은 것이다'라고 설한다. 법신에 실체가 있다고 생각하는 집착을 깨기 위해 이렇게 말한 것임을 모르고 범부들은 허공이 바로 여래의 본성이라고 생각한다.
이와 같은 견해는 어떻게 다스리는가?
허공의 모습은 참으로 있는 것이 아니므로 실체가 없고 진실한 것이 아니다. 형색과 대비하여 허공이 있다고 하는 것일 뿐이다. 이렇게 볼 수 있는 대상인 허공의 모습은 마음에 생멸을 불러일으킨다. 그러나 모든 형색이란 본래 마음이 만든 것에 지나지 않으므로 진실로 마음 바깥에 형색은 없다. 만약 형색이 없다면 허공도 없다. 모든 경계는 오직 마음이 헛되이 움직여 생겨난 것이니, 만약 마음이 헛되이 움직이는 것을 멈추면 모든 경계는 사라지고 모든 곳에 오직 하나의 참된 마음만이 있게 된다. 이것은 여래의 본성인 궁극의 지혜가 크고 넓다는 의미이지 법신이 허공과 같다는 뜻이 아니다.

둘째, 경전에서 '세간의 모든 것은 결국 본바탕이 비어 있다. 나아가 열반과 진여 또한 결국 비어 있다. 본래부터 스스로 비어 있어서 모든 모습을 떠났다'라고 설한다. 진여와 열반에 실체가 있다고 생각하는 집착을 깨기 위해 이렇게 말한 것임을 모르고 범부들은 진여와 열반은 오직 비어 있을 뿐이라고 생각한다.

이와 같은 견해는 어떻게 다스리는가?

진여 법신은 본래부터 헤아릴 수 없이 많은 능력을 갖추고 있다. 진여 법신이 수많은 능력으로 가득 차 있다는 것을 알아야 한다.

셋째, 경전에서 '여래장은 증감이 없지만 여래장의 본바탕은 모든 능력을 갖추고 있다'라고 말한다. 이 뜻을 제대로 이해하지 못하여 여래장에는 물질과 정신이 있어서 여러 가지 특성의 차별이 있다고 생각한다.

이러한 견해는 어떻게 다스리는가?

오직 진여의 의미에 근거하여 설하기 때문에 여래장에는 차별이 없다. 생멸하는 오염된 마음에 근거해서 볼 때만 차별이 있다는 것을 알아야 한다.

넷째, 경전에서 '모든 세간의 생사의 번뇌는 모두 여래장에 의지하여 존재한다. 모든 것은 진여와 분리할 수 없다'라고 말한다. 이 뜻을 제대로 이해하지 못하여 여래장 자체에 세간의 모든 생사의 번뇌가 갖추어져 있다고 생각한다.

이러한 견해는 어떻게 다스리는가?

본래부터 여래장에는 오직 갠지스강의 모래보다 더 많은 깨끗한 능력이 있을 뿐 진여를 떠나지도 않고, 진여를 단절시키지도 않고, 진여와 다르지도 않다는 것을 알아야 한다. 또 갠지스강의 모래보다 더 많은 번뇌는 오직 무명으로 일어난 것일 뿐, 실체가 없는 것이어서 시작도 알 수 없는 때로부터 여래장과 상응한 적이 없다는 것을 알아야 한다. 만약 여래장 자체에 허망한 것이 있다면 중생들이 진여를 체득하여 허망한 마음을 영원히 그칠 수 있다는 것은 조리에 맞지 않기 때문이다.

다섯째, 경전에서 '여래장에 의지하여 생사가 있다. 여래장에 의지하여 열반을 얻는다'라고 말한다. 이 뜻을 제대로 이해하지 못하여 범부들은 중생에게 생멸이 일어나는 시작이 있다고 생각한다. 또 시작이 있기 때문에 다시 여래가 얻은 열반이 다하는 때가 있다고 생각하여 열반이 끝나면 다시 중생이 시작된다고 생각한다.

이러한 견해는 어떻게 다스리는가?

여래장은 과거 어느 때로부터 시작된 것이 아니므로 여래장에 의지하여 일어나는 무명 또한 시작이 없다. 만약 중생의 세계 밖에 있는 무엇인가로부터 중생이 시작되었다고 말하면 이것은 외도外道*의 가르침이다. 또 여래장은 끝이 없으므로 모든 붓다가 얻은 열반도 여래장과 상응하여 끝이 없다는 것을 알아야 한다.

---

* 붓다의 가르침 이외의 가르침을 외도라고 한다. 여기서 외도의 가르침은 중생계 밖의 원인에 의해 중생계가 시작되었다는 창조설, 전변설 등을 말한다.

7-3.
법아견은 어떻게 다스리는가

법아견이란 무엇인가?

붓다는 근기가 둔한 성문·연각을 위하여 다만 사람에게 영원한 자아는 없다는 인무아人無我만을 설하였다. 그러나 그것은 궁극적인 뜻이 아니었다. 성문·연각은 자아는 없지만 자아를 구성하는 오온이라는 생멸하는 다섯 가지 요소가 실재한다고 생각하여 생사를 두려워하고 열반에 집착한다.

이러한 견해는 어떻게 다스리는가?

오온의 다섯 가지 요소는 임시로 구성된 것이어서 본디 생겨난 것이 아니기 때문에 없어지는 것도 아니다. 그러므로 모든 것이 본래 열반이라는 것을 알아야 한다.

잘못된 견해를 완전히 떠난다는 것은 무엇을 말하는

것인가?

모든 오염된 것과 모든 청정한 것은 모두 서로 마주하고 있어서 고유한 실체라고 말할 수 있는 것이 없다. 그러므로 모든 것은 본래부터 물질도 아니고 정신도 아니다. 지혜도 아니고 분별하는 인식도 아니다. 있는 것도 아니고 없는 것도 아니다. 끝내 말할 수 없는 것이다. 그런데도 말로 표현하는 것은 중생의 수준에 맞추어 교화하는 붓다의 뛰어난 방편이니 임시로 세운 언어를 통하여 중생을 인도하는 것임을 알아야 한다. 그 목적은 망념을 떠나 진여로 돌아가게 하는 것이다. 망념이 만든 모든 대상을 헛되이 있다고 생각하면 마음이 생멸하여 참된 지혜로 들어가지 못하게 된다.

낭송Q시리즈 북현무
낭송 대승기신론

8부
발심이란 무엇인가

8-1.
세 가지 발심

모든 붓다들이 체득한 도를 향하여, 모든 보살이 발심發心하여 수행하고 나아가는 모습에는 세 가지가 있다. 첫째, 믿음을 성취하는 것을 통한 발심[信成就發心]이다. 둘째, 진여에 대한 이해와 수행을 통한 발심[解行發心]이다. 셋째, 진여의 체득을 통한 발심[證發心]이다.

8-2.
어떻게 믿음을 성취하는가

누가, 어떻게 수행하여야 믿음을 완성하여 발심할 수
있는가?

수행의 의지가 아직 확고하지 않은 중생은 진여 훈
습의 힘과 선근의 힘이 있기 때문에 업의 과보를 믿
고 열 가지 선업善業*을 일으켜서 생사의 고통을 싫어
하고, 최고의 깨달음을 구하기를 원한다. 모든 붓다
들을 만날 수 있어서 가까이 모시고 공양하고 믿음을
닦아 나간다. 이렇게 일만겁**이 지나면 믿음을 성취

---

* 열 가지 선업[十業]은 열 가지 선업이란 살생하지 않고, 도둑질하지 않고, 음란
하지 않고, 거짓말을 하지 않고, 두 말을 하지 않고, 나쁜말을 하지 않고, 속이는
말을 하지 않고, 탐욕하지 않고, 성내지 않고, 잘못된 견해를 갖지 않는 것이다.

** 겁(劫)이란 긴 시간을 말한다. 둘레 40리 되는 돌을 하늘 사람[天人]이 하늘 옷
으로써 3년마다 한 번씩 스쳐 그 돌이 닳아 없어질 때까지 걸리는 시간을 1겁이
라고 한다. 다른 설명으로는 둘레 40리 되는 성 안에 겨자씨를 가득 채워놓고 하

하여, 모든 부처와 보살의 가르침으로 발심한다.

어떤 사람들은 대자비의 마음이 있어 자신의 힘으로 발심한다. 또 어떤 사람들은 붓다의 가르침이 사라질 위험에 처했을 때, 가르침을 지키려는 인연으로 스스로 발심한다. 이와 같이 믿음을 성취하여 발심하면, 확고하게 수행을 계속할 수 있는 사람이 되어, 마침내 깨달음을 향한 길에서 물러나지 않게 된다. 이것을 여래가 될 잠재력을 갖추고 여래가 될 바른 원인과 상응했다고 한다.

만약 중생이 선근이 미약하여 이미 오랫동안 번뇌가 깊고 두텁게 쌓였다면, 이들은 비록 붓다를 만나서 공양한다 해도 다만 인간계나 천상계에 태어날 수 있는 가능성을 얻거나 혹은 성문·연각이 될 가능성을 얻을 뿐이다. 이 중에 설령 대승을 구하는 자가 있더라도 아직 수행의 의지가 확고하지 않아 나아갔다 물러났다 한다. 또 경우에 따라서는 붓다들에게 공양한 것이 아직 일만겁이 지나지 않았지만 그 사이에 인연을 만나 발심하기도 한다. 말하자면 응신으로 나타난 붓다의 모습을 보고 발심하는 것이다. 혹은 스님들에게 공양한 인연으로 발심하기도 한다. 혹은 성문·연

___

늘 사람이 3년마다 한 알씩 가지고 가서 모두 없어질 때까지를 1겁이라고 한다.

각의 가르침을 듣고 발심하기도 한다. 혹은 다른 사람에게 배워서 발심하기도 한다. 그러나 이러한 발심은 모두 결정적인 것이 아니어서 나쁜 인연을 만나면 곧 물러나거나, 성문·연각의 지위로 떨어진다.

8-3.
믿음을 성취하면 어떤 마음을 일으키는가

믿음의 성취를 통한 발심은 어떤 마음을 일으키는가? 간략히 말하면 세 가지가 있다. 첫째, 진여를 올바르게 생각하는 곧은 마음[直心]이다. 둘째, 선행을 기꺼이 쌓는 깊은 마음[深心]이다. 셋째, 모든 중생의 고통을 뿌리 뽑고자 하는 대비의 마음[大悲心]이다.

묻는다. 이미 모든 존재의 근본은 하나이며 붓다의 본바탕은 둘이 아니라고 하지 않았는가? 그런데 왜 오직 진여만을 생각하라고 하지 않고 온갖 선행을 배우라고 하는가?
답한다. 본성은 맑고 깨끗하지만 광물의 때에 덮여 있는 마니주라는 구슬이 있다. 만약 사람들이 보물의 본성이 맑고 깨끗한 것만 생각하고 여러 가지 방법으로 갈고 닦지 않으면 끝내 그 깨끗함을 얻을 수 없는 것과 같다. 이처럼 중생에게 간직되어 있는 진여 역시 그 본성이 순수하고 깨끗하지만 수많은 번뇌로 뒤덮여 있다. 만약 사람들이 진여만 생각하고 여러 가지 방법으로 훈습하고 수행하지 않는다면 역시 진여를 얻을 수 없다. 수많은 번뇌가 모든 것을 더럽히고 있으므로 선행을 배우고 익혀서 번뇌를 다스려야 한다. 사람들이 선행을 실천한다면 저절로 진여로 돌아가기 때문이다.

8-4.
믿음을 성취하면 어떻게 실천하는가

실천의 방편에는 간략히 말하면 네 가지가 있다.

첫째, 모든 실천의 근본이 되는 방편[行根本方便]이다.
모든 것은 본래 생겨남이 없다는 것을 관찰하여서 생
멸이 있다는 그릇된 견해를 버리고, 삶과 죽음에 집
착하지 않는다. 모든 것은 인연의 화합으로 생겨나므
로 업의 과보는 사라지지 않는다는 것을 관찰한다.
대비의 마음을 일으키고 온갖 복덕을 닦아 중생을 교
화하고, 열반에 집착하지 않는다. 진여를 본받아서
어디에도 집착하지 않는다.
둘째, 잘못을 범했을 때 바로 멈출 수 있는 방편[能止方
便]이다.
허물을 부끄러워하고 뉘우쳐서 모든 악업을 멈추고

더 이상 악업이 자라지 않게 한다. 진여를 본받아서 모든 허물에서 벗어난다.

셋째, 선근을 심고 키우는 방편[發起善根增長方便]이다.

부지런히 삼보를 공양하고, 예배하고, 붓다들을 찬탄하고, 기쁘게 따르며, 가르침을 청한다. 삼보를 사랑하고 존경하는 마음이 순수하고 두터우므로 믿음을 키우고 최고의 깨달음을 구하는 데 뜻을 둘 수 있다. 또한 삼보의 힘에 의하여 보호받기 때문에 악업이 소멸되고 선근이 퇴보하지 않는다. 진여를 본받아서 어리석음의 장애로부터 떠난다.

넷째, 평등하게 중생을 모두 구제하겠다는 큰 서원을 세우는 방편[大願平等方便]이다.

영원토록 모든 중생을 남김없이 교화하고 제도하여 끝내 완전한 열반에 들게 하겠다고 발원한다. 진여를 본받아서 중생 구제를 그치지 않는다. 진여는 넓고 크고, 중생들을 모두 포함하고, 평등하여 차이가 없고, 이것과 저것을 구별하지 않고, 궁극적으로 고요하기 때문이다.

믿음을 성취한 보살은 이러한 마음으로 발심하기 때문에 조금이나마 법신을 이해할 수 있다. 법신을 이해할 수 있기 때문에 발원의 힘으로 중생을 이롭게 하는 여덟 가지 모습을 나타낼 수 있다.

여덟 가지란 무엇인가?

도솔천에서 나와 태(胎)에 들고, 태에 머물고, 태에서 나오고, 출가하고, 도를 이루고, 가르침을 펴고, 열반에 드는 것이다. 그러나 이 보살은 아직 법신이라는 이름을 얻지 못했다. 그것은 기나긴 과거로부터 이어져 온 번뇌의 업을 아직 완전히 끊어내지 못했기 때문이다. 인간의 몸으로 태어났으므로 아직 미세한 괴로움은 남아 있지만 범부와 달리 업의 속박에 얽매이지 않는다. 중생을 모두 구제하겠다는 큰 서원에는 업의 속박으로부터 자유롭게 하는 힘이 있기 때문이다.

경전에서 축생, 아수라, 지옥의 길에 떨어지는 보살도 있다라고 말한 것은 실제로 그 같은 생애에 떨어진다는 의미가 아니다. 다만 처음 배우기 시작한 보살은 아직 수행의 의지가 확고하지 않아 나태해지기 쉬우므로 두려움을 느껴 용감하게 수행하도록 하기 위해서 그렇게 말했을 뿐이다.

또 믿음을 성취하여 발심한 보살은 한 번 발심한 후에는 겁내는 나약한 마음이 없으므로 성문·연각의 지위로 떨어지는 것을 결코 두려워하지 않는다. 그는 헤아릴 수 없는 아승기겁阿僧祇劫* 동안 부지런히 어려운 수행을 해야 열반에 든다는 말을 듣더라도 겁내지 않는다. 그는 모든 것이 본래부터 그 자체로 열반이라는 것을 믿음으로 알기 때문이다.

* 겁의 수가 아승기(阿僧祇)라는 말이다. 아승기는 산수로 표현할 수 없는 가장 큰 수이다.

8-5.
이해와 수행을 통한 발심

이해와 수행을 통한 발심은 믿음의 성취를 통한 발심보다 뛰어나다. 이 단계의 보살은 일만겁의 수행을 거쳐 처음 대승에 대한 바른 믿음을 낸 이후, 첫번째 아승기겁의 수행을 완성하려는 시점에 있으므로, 진여에 대하여 깊게 이해하여 모든 분별에서 벗어나는 수행을 한다.

진여 자체에는 인색과 탐욕이 없음을 알고 진여를 본받아 보시바라밀을 수행한다.

진여에는 오염이 없고, 감각의 대상에 대한 욕망이 없음을 알고, 진여를 본받아 청정한 삶을 사는 지계바라밀을 수행한다.

진여에는 괴로움이 없고 성내는 번뇌가 없음을 알고 진여를 본받아 굳게 참는 인욕바라밀을 수행한다.

진여에는 몸과 마음이라는 분별이 없고 나태함이 없다는 것을 알고 진여를 본받아 정진바라밀을 수행한다.

진여는 언제나 고요하여 혼란스럽지 않다는 것을 알고 진여를 본받아 선정바라밀을 수행한다.

진여의 바탕이 밝은 지혜이고 무명을 떠나 있음을 알고 진여를 본받아 반야바라밀을 수행한다.

8-6.
진여를 체득하여 일으키는 발심

진여를 체득하여 일으키는 발심은 수행이 깊은 보살
의 첫 단계인 정심지淨心地로부터 마지막 구경지究竟地
사이에 있는 보살들에게 해당한다.

진여는 하나의 마음일 뿐인데 도대체 어떤 경계를 체
득한다는 것인가? 업식이 일으킨 마음인, 대상을 보
는 전식에 의지할 경우에 진여는 인식의 대상이 된다
고 말할 수 있다. 그러나 여기서 말하는 체득이란 인
식할 수 있는 어떤 대상도 없는 것이므로 오직 진여
인 지혜만을 법신이라고 한다. 진여를 체득한 보살은
한 생각을 일으키는 순간에 가없는 세계의 모든 붓다
를 공양하고 가르침을 청한다. 이것은 오직 가르침으
로 인도하여 중생을 이롭게 하기 위해서이다.

문자에 의지하지 않고 단계를 뛰어 넘어 빠르게 깨달

음에 이르는 보살도 있다. 이러한 보살들은, 오랫동
안 수행해야만 깨달음에 도달할 수 있다는 말을 듣고
수행을 겁내는 나약한 중생을 도우려는 것이다. 이와
달리 나는 헤아릴 수 없는 아승기겁의 수행을 거쳐
깨달음을 완성해야만 한다고 말하는 보살도 있다. 이
러한 보살들은, 깨달음에 쉽게 도달할 수 있다고 생
각하여, 수행에 나태하고 오만한 중생을 도우려는 것
이다. 이처럼 수많은 불가사의한 방편을 보일 수 있
지만 실제로는 보살의 잠재력과 근기는 평등하고, 발
심 또한 평등하고, 체득하는 것 역시 평등하여 단계
를 뛰어넘는 일은 없다. 보살들은 누구나 세 번의 아
승기겁 동안 수행하기 때문이다. 다만 중생의 세계가
같지 않으므로 보고 듣는 것이 다르고, 능력과 욕망
과 특성이 다르기 때문에 그들에게 보이는 방편 역시
차별이 있다.

8-7.
진여를 체득한 보살의 세 가지 마음

또한 이 보살의 발심에는 미세하게 구별되는 세 가지 마음이 있다.

첫째, 참된 마음[眞心]이다. 법신을 체득하면 분별이 없기 때문이다.

둘째, 방편의 마음[方便心]이다. 법신을 체득하면 어디에서나 저절로 두루 행하여 중생을 이롭게 하기 때문이다.

셋째, 업식의 마음[業識心]이다. 방편의 마음이 중생에게 작용하기 위해서는 보살에게 미세하게 일어나고 사라지는 마음이 있어야 하기 때문이다.

이렇게 보살의 능력이 완전히 갖추어지면 색계의 마지막 하늘인 색구경처色究境處에서 이 세상에서 가장 높고 가장 큰 몸이 나타난다. 이것은 깨달음의 한순간에 상응하는 지혜이고 무명이 한순간에 사라지는 것을 의미한다. 이 지혜를 모든 것을 다 아는 지혜[一切種智]라고 한다. 저절로 불가사의하게 활동하고 모든 곳에 나타나 중생을 이롭게 한다.

묻는다. 허공이 끝이 없기에 세계도 끝이 없고, 세계가 끝이 없기에 중생도 끝이 없다. 중생이 무한하기에 마음 작용의 차별도 또한 무한하다. 이처럼 대상이 무한하여 경계를 한정할 수 없어서 알기도 어렵고 이해하기도 어렵다. 만약 무명이 다하면 마음의 표상 작용도 없어지는데 무엇을 아는 것이기에 모든 것을 다 아는 지혜라고 하는가?

답한다. 모든 대상은 본래 하나의 마음이어서 표상하는 망념을 떠나 있다. 그런데 중생이 헛되이 경계를 나누기 때문에, 마음에 차별이 있고, 표상하는 망념이 일어나서 진여에 부합하지 않으므로, 있는 그대로 알 수 없다. 모든 붓다는 보고 표상하는 것을 떠나 있으므로, 그 지혜는 어디에서나 활동하고 나타나지 않는 곳이 없다. 그것이 마음의 진실이고, 모든 존재의 있는 그대로의 본성이다. 진여 자체가 나타나 모든 거짓된 것들을 비추면, 대지혜의 작용이 나타난다. 수많은 방편으로 중생들의 이해 수준에 맞추어 여러 가지의 가르침을 열어 보인다. 이런 이유로 모든 것을 다 아는 지혜라고 한다.

묻는다. 만약 모든 붓다가 자연스럽게 중생을 구제하며 어디에서나 중생을 이롭게 한다면 모든 중생이 그 몸을 보거나 붓다의 놀라운 능력을 보거나 붓다의 설법을 들어서 이익을 얻지 않는 자가 없을 것이다. 그런데 어찌하여 세상에는 그것을 보지 못하는 자들이 많은가?

답한다. 모든 붓다들의 법신은 평등하고 어디에나 편재한다. 억지로 하고자 하는 바가 없기 때문에 자연스럽게 중생을 구제한다고 한다. 그러나 법신은 다만 중생의 마음에 응하여 나타날 뿐이다. 중생의 마음은 마치 거울과 같아서 거울에 때가 있으면 물체가 보이지 않는 것과 같다. 중생의 마음에 번뇌가 있으면 법신은 그 모습을 나타낼 수가 없다.

낭송Q시리즈 북현무
낭송 대승기신론

9부
무엇을 믿고
어떻게 수행할 것인가

9-1.
무엇을 믿는가

아직 수행의 의지가 확고하지 못한 중생들을 위하여
어떻게 믿음을 성취하는지 말한다. 무엇을 믿고 어떻
게 수행할 것인가?

믿음에 대해 간단하게 말하면 네 가지가 있다.

첫째, 근본을 믿는다. 언제나 즐거이 진여를 생각한
다.

둘째, 붓다에게 헤아릴 수 없이 많은 공덕이 있음을
믿는다. 언제나 부처를 생각하고, 가까이 모시고, 공
양하고, 공경하여 선근을 일으켜 모든 것을 아는 지
혜를 구하고자 서원한다.

셋째, 붓다의 가르침에 큰 이익이 있음을 믿는다. 언
제나 가르침을 생각하고 육바라밀을 수행한다.

넷째, 승가가 진실하게 수행하여 자신과 남을 이롭게

한다고 믿는다. 언제나 즐거이 보살들을 가까이 모시고 진실한 수행을 배우고자 한다.

9-2.
어떻게 수행하는가(1)
: 보시문, 지계문, 인욕문, 정진문

어떻게 수행할 것인가? 믿음을 성취하는 수행에는 다섯 가지 길이 있다. 보시문, 지계문, 인욕문, 정진문, 지관문의 수행이다.

어떻게 보시문布施門을 수행하는가?

무엇인가를 구하러 온 사람을 보면 힘닿는 만큼 자신이 가진 재물을 베푼다. 인색함과 탐욕을 버림으로써 그를 기쁘게 한다. 어려운 일을 당하여 두려워하고 위험에 처한 사람을 보면 자신이 할 수 있는 힘껏 그가 두려워하지 않게 돕는다. 붓다의 가르침을 구하러 온 사람이 있으면 자신이 이해하는 만큼 가르쳐 준다. 명예와 이익과 존경을 바라지 않고 오직 자신과 타인 모두에게 이롭기를 바라면서 깨달음에 그 공덕을 돌린다.

어떻게 지계문持戒門을 수행하는가?

살생하지 않는다. 타인의 재물을 훔치지 않는다. 음
란한 생각이나 행동을 하지 않는다. 한 입으로 두말
하지 않는다. 남에 대해 험담하지 않다. 진실하지 않
은 말을 하지 않는다. 남을 속이는 말을 하지 않는다.
탐욕, 질투, 기만, 아첨, 왜곡, 성냄, 그릇된 견해를 멀
리한다. 만일 출가자라면 번뇌를 항복시키기 위해 번
잡하고 시끄러운 장소를 떠나 항상 고요한 곳에 머문
다. 의식주를 간소하게 하고 욕망을 줄이고 작은 것
에 만족한다. 작은 잘못을 범하여도 두려워하고 부끄
러워하고 뉘우친다. 붓다가 제정한 계율을 가벼이 여
기지 않는다. 사람들이 비난하고 싫어하는 일로부터
스스로를 보호한다. 중생이 분별 없이 삼보를 비난하
는 잘못을 범하고 죄를 짓지 않게 하기 위해서이다.

어떻게 인욕문忍辱門을 수행하는가?

남들이 괴로움을 주더라도 참아야 하며 보복하겠다
는 마음을 품지 않는다. 이익과 손실, 명예와 헐뜯음,
칭찬과 비난, 괴로움과 즐거움 등의 일로 인해 마음
이 흔들리지 않게 인내해야 한다.

어떻게 정진문[精進門]을 수행하는가?

모든 선한 일에 대해 게으름을 피우지 않는다. 뜻을 굳고 강하게 세워서 겁내고 나약해지지 않는다. 오랜 과거로부터 몸과 마음이 헛되이 받아온 큰 괴로움이 아무런 이익이 되지 않았음을 마음에 새겨야 한다. 그러므로 반드시 부지런히 많은 공덕을 닦아 나와 남을 이롭게 하여 수많은 괴로움으로부터 멀리 벗어난다.

또 어떤 사람은 과거로부터 온 죄악의 업장이 무겁기 때문에 수행을 방해하는 삿된 망상들이 괴롭히거나 혹은 세상의 여러 가지 일에 얽매이거나 혹은 병고에 시달린다. 이처럼 여러 가지 장애물이 있을 때 더욱 용맹하고 부지런하게 정진하여야 한다. 하루 여섯 차례 예배하고, 마음을 다하여 참회하고, 가르침을 청하고, 선한 일에 기뻐하고, 모든 공덕을 깨달음으로 회향한다. 늘 쉬지 않고 수행하면 모든 장애를 극복하고 선근을 키울 수 있다.

9-3.
어떻게 수행하는가(2)
: 지관문 수행과 진여삼매

어떻게 지止와 관觀을 수행하는가? 지止란 사마타관*
으로 모든 경계에 대한 분별을 그치는 것이다. 관觀이
란 위파사나관**으로 인연이 생기고 사라지는 모습을
관찰하는 것이다. 사마타와 위파사나를 분리하지 않
고 점차 닦고 익히면 두 가지를 함께 실천할 수 있다.
지를 닦는 사람은 고요한 곳에 머물러 단정히 앉아
뜻을 바르게 한다. 호흡에도 의지하지 않고, 형색에
도 의지하지 않고, 모든 것이 공空하다고 생각하는 것
에도 의지하지 않고, 모든 물질적 대상은 지地·수水·

---

* 사마타는 지(止), 지식(止息), 적정(寂靜), 능멸(能滅)로 번역된다. 우리의 마음
에서 일어나는 망념을 쉬고, 마음을 한곳에 집중하는 것을 말한다.

** 위파사나는 관(觀)으로 번역. 선정에 들어서 지혜로서 상대되는 경계를 자세히
식별하는 것을 뜻한다.

화火·풍風의 네 가지로 이루어져 있다는 것에도 의지하지 않고, 보고 듣고 느끼고 인식하는 것에 의지하지도 않는다. 마음에 생겨나는 모든 표상을 생각이 일어날 때마다 모두 제거하되 제거한다는 생각마저 버려야 한다. 모든 것은 본래부터 고유한 모습이 없기 때문에 생각마다 생기는 것도 아니고, 생각마다 없어지는 것도 아니다.

또 마음 바깥에 대상이 있다고 생각하고, 그런 다음에 마음으로써 마음을 제거할 수도 없다. 만약 마음이 외부로 치달려 흩어지면 마땅히 거두어들여 정념正念에 머무르게 한다. 정념이란 오직 마음만 있을 뿐, 외부의 대상이 없음을 아는 것이다. 이 마음 또한 본래 고유한 모습이 없으므로 생각마다 얻을 수 없다.

좌선을 마치고 일어난 뒤 오고 가고 멈추고 나아가고 움직일 때는 언제나 마음을 집중하는 방편을 생각하고 방편에 따라 잘 관찰해야 한다. 오랫동안 몸에 익혀 완전히 익숙해지면 마음이 사마타에 머무를 수 있다. 마음이 머물기 때문에 점차 맹렬하고 예리해져서 진여삼매에 들어갈 수 있다.

번뇌를 완전히 굴복시키고 믿음이 커지면 믿음이 후퇴하지 않는 상태가 성취된다. 다만 의심하고 불신하고 비방하는 사람들, 무거운 죄와 두터운 업장을 가진 사람들, 자만하고 게으른 사람들은 제외된다. 이런 사람들은 진여삼매에 들어 갈 수 없다.

이렇게 삼매에 들면 존재의 근본이 하나라는 것을 안다. 이것은 모든 붓다의 법신과 중생이 평등하여 둘이 아님을 아는 것이다. 이것을 일행삼매一行三昧라고 한다. 진여는 삼매의 근본이어서 누구나 진여를 수행하면 점차 헤아릴 수 없이 많은 삼매를 낼 수 있음을 알아야 한다.

9-4.
수행 중에 나타나는 망상을 어떻게 물리치는가

어떤 사람은 선근의 힘이 없어서 수행을 방해하는 망상이 의혹과 혼란을 일으킨다. 좌선하고 있는 중에 망상이 모습을 드러내어 공포를 느끼게 하거나, 단정한 남자나 여자의 모습으로 나타나기도 한다. 이럴 때 오직 마음뿐임을 생각하면 나타난 경계는 사라지고, 더 이상 괴롭히지 않는다.

때로는 하늘사람[天人]의 모습이나 보살의 모습 또는 붓다의 거룩한 모습으로 나타나는 수도 있다. 진언을 말하거나 보시, 지계, 인욕, 정진, 선정, 지혜의 수행을 말하기도 한다. 평등, 공空, 모습이라 할 만한 것은 없다, 바랄 것도 없다고 설하기도 한다. 원망할 것도 친할 것도 없다, 원인도 없고 결과도 없으며, 마침내 텅비고 고요한 것이 참된 열반이라고 말하기도 한다.

혹은 과거의 일을 알게 하고, 미래의 일을 알게 하고, 다른 사람의 마음을 알게 하거나, 막힘없는 말재주를 얻게 하여, 세간의 명예와 이익을 탐하고 집착하게 한다. 또 자주 성내거나 자주 기뻐하여, 성격이 오락가락하게 하는 경우도 있다. 혹은 동정심이 많아지거나 잠이 많아지거나 병이 많아져서 마음이 게을러지게 한다. 혹은 별안간 정진을 시작하고 문득 그만두어 불신을 받게 하고, 의심이 많아지게 하거나 근심이 많아지게 한다. 혹은 훌륭한 근본수행을 버리고 다시 잡다한 수행법에 몰두하게 한다. 때로는 세상사에 집착하여 갖가지 속박에 얽매이게 한다.

또한 사람들이 여러 가지 사이비 삼매를 얻게 하는 경우도 있다. 그러나 이것들은 외도가 얻는 것으로 진정한 삼매가 아니다. 혹은 사람들로 하여금 하루, 이틀, 사흘 내지 일주일 동안 선정에 머물게 하고, 선정 중에 저절로 향기와 맛있는 음식을 맛보게 한다. 몸과 마음이 쾌적하고 즐거워서 배고프지도 않고 목마르지도 않아 사람들이 애착하게 한다. 혹은 사람들이 먹는 것에 절제를 잃게 하여, 갑자기 많이 먹기도 하고 갑자기 적게 먹기도 하고, 얼굴색을 바뀌게도 한다.

그러므로 수행자는 언제나 지혜로서 관찰하여야 하

며, 마음이 잘못된 견해의 그물에 떨어지지 않게 주의해야 한다. 부지런히 수행하여 모든 것이 오직 마음일 뿐이라고 바르게 생각하고 잘못된 견해를 취하지도 않고 집착하지도 않는다면, 이러한 장애에서 멀어질 수 있다. 외도의 삼매는 모두 자아를 실체시하는 견해와 자아에 애착하는 번뇌와 자신을 높이는 교만을 떠나지 않고, 세상의 명예와 이익, 존경을 탐하고 집착한다는 것을 알아야 한다.

진여삼매는 보는 자아가 있다는 생각에도 머물지 않고, 얻을 수 있는 대상이 있다는 생각에도 머물지 않는다. 나아가 선정에서 나와서도 수행에 게으르거나 자만심에 빠지는 일이 없어서 번뇌가 점점 희미해지고 엷어진다. 범부들이 이러한 삼매를 익히지 않고서도 붓다가 될 가능성을 얻는 일은 있을 수 없다. 세간에서 유행하는 온갖 선정과 삼매를 닦으면 대개 그 맛에 집착한다. 이들은 자아가 있다는 생각에 빠져 중생의 세계에 속박되고 잘못된 가르침의 유혹에 빠진다. 선지식의 보호를 받지 못하면 잘못된 견해를 일으키게 되기 때문이다.

9-5.
진여삼매의 이익 열 가지

부지런히 정진하여 마음을 다해 진여삼매를 배우는
자는 현세에 열 가지 이익을 얻을 수 있다.

첫째, 언제 어디서나 여러 붓다와 보살의 보호를 받
는다.

둘째, 온갖 환상과 망상으로 인한 공포를 느끼지 않
을 수 있다.

셋째, 잘못된 견해가 일으키는 의혹과 번뇌에 빠지지
않는다.

넷째, 심오한 대승을 비방하는 무거운 죄로부터 멀리
벗어나고, 과거로부터 쌓아 온 업장이 점차 희미해지
고 옅어진다.

다섯째, 모든 의혹과 나쁜 분별심에서 벗어날 수 있
다.

여섯째, 여래의 깨달음에 대한 믿음을 키울 수 있다.

일곱째, 근심과 후회에 빠지지 않고 삶과 죽음에 대해 겁내지 않고 용맹해진다.

여덟째, 마음이 부드럽고 온화하고 교만하지 않아 남에게 괴롭힘을 당하지 않는다.

아홉째, 아직 삼매를 얻지 못했더라도 번뇌가 줄어들고 세간의 일을 즐기지 않게 된다.

열번째, 삼매를 얻게 되면 바깥에서 오는 어떤 말이나 소리에도 놀라지 않게 된다.

9-6.
지와 관을 함께 닦아야 한다

만일 사람이 오직 지止만을 수행하면 마음이 가라앉
거나 나태해져서 실천하는 것을 즐거워하지 않고 중
생을 내 몸과 같이 생각하는 대비심을 잃어버리게 된
다. 그렇기 때문에 관觀을 닦는다. 관을 배우고 닦는
사람은 세간의 변화하는 모든 대상은 영원히 머물 수
없고, 잠깐 동안에 변하고 무너지며, 마음은 생각마
다 생멸하여 무상한 것이므로 괴로움이라고 관찰해
야 한다. 과거에 생각한 모든 대상은 황홀하여 꿈과
같다는 것을 관찰해야 한다. 현재에 생각하는 모든
대상은 번개와 같다는 것을 관찰해야 한다. 미래의
일이라고 생각하는 모든 대상은 구름이 홀연히 일어
나는 것과 같다는 것을 관찰해야 한다. 세상에서 몸
을 가진 모든 것들은 모두 다 번뇌로 오염되어 무엇

도 즐거워할 것이 없음을 관찰해야 한다.

또 이와 같이 생각해야 한다. 모든 중생은 시작도 없는 과거로부터 모두 무명으로 훈습되어 왔기 때문에 마음이 생멸하고 그 결과 이미 마음과 몸의 큰 괴로움을 받았다. 지금도 수많은 핍박을 겪고 있으며 앞으로도 괴로움은 끝이 없을 것이다. 이러한 괴로움은 버리기 어렵고 떠나기 어렵다. 그런데도 사람들이 그것을 알아차리지 못하니 참으로 안타깝다.

이렇게 생각한 뒤 곧 용감하게 큰 서원을 세워야 한다. "내 마음이 분별을 벗어나서 세상 어디에서나 온갖 선한 공덕을 수행하고, 미래가 다하도록 수많은 방편으로써 중생을 모든 고통에서 구제하고, 이들이 열반이라는 최고의 즐거움을 얻을 수 있게 하고자 합니다."

이와 같이 서원을 세웠기 때문에 언제 어디에서나 할 수 있는 한 힘껏 선한 행위를 배우고 닦으며 마음을 나태하게 하지 않는다. 오직 좌선할 때 사마타[止]에 전념하는 경우를 제외하고 나머지 모든 시간에는 해야 할 일과 하지 말아야 할 일을 관찰해야 한다.

가거나 머무르거나 눕거나 일어나거나 언제나 지와 관을 함께 수행해야 한다. 비록 모든 것이 본래 생겨남이 없다고 생각하더라도, 다시 곧 인연 화합으로 일어나는 선악의 업과 괴로움과 즐거움 등의 과보는 잃어버릴 수 없고 파괴될 수 없다는 것을 생각하여야 한다. 또 비록 인연으로 선악의 업과 과보가 있음을 생각하더라도, 다시 곧 모든 것에는 고유한 본성이 없음을 기억해야 한다. 사마타를 닦으면 세상에 대한 범부의 집착을 다스리고 성문·연각의 겁 많고 나약한 견해를 버릴 수 있다. 위파사나를 닦으면 대비심을 일으키지 않는 성문·연각의 편협하고 졸렬한 마음을 다스리고, 범부가 선근을 닦지 않는 잘못을 떠날 수 있다. 그러므로 지와 관의 두 가지 수행은 함께 서로를 도와서 완성되는 것이고 서로 분리할 수 없다. 지관을 함께 수행하지 않으면 깨달음의 길에 들어갈 수 없다.

9-7.
염불수행

사람들이 처음 대승을 배우기 시작할 때에는 바른 믿음을 구하기를 원한다. 그러나 마음이 나약하여 사바세계에 살고 있는 자신은 붓다들을 만나 가까이 모시고 공양할 수 없으리라고 두려워한다. 또 믿음은 성취하기 어렵다고 두려워한다. 이렇게 수행의 의욕이 퇴보하는 자는 붓다에게 중생을 위하여 믿음을 보호할 수 있는 뛰어난 방편이 있다는 것을 알아야 한다. 오로지 뜻을 아미타불을 생각하는 염불의 공덕에 두면 서원한 대로 극락정토에 태어나 항상 붓다를 만나 영원히 악도惡道에 떨어지지 않을 수 있다. 경전에서 '누구라도 마음을 다하여 서방 극락 세계의 아미타불을 생각하면서 선근을 닦고, 염불의 공덕을 돌려 서방 정토에 태어나기를 원하면 곧 거기에 태어나 언제나 부처를 만나게 되기 때문에 마침내 수행의 길에서 물러나지 않게 된다'고 한 것과 같다. 만약 염불로서 아미타불의 진여법신을 관찰하고 항상 부지런히 닦고 익히면 마침내 극락왕생을 얻어서 믿음을 성취할 수 있다.

9-8.
수행을 권한다

지금까지 말한 대로 대승은 모든 붓다들의 비장의 가
르침이다. 만약 어떤 사람이 여래의 매우 깊은 깨달
음에 대하여 바른 믿음을 내고, 대승을 더 이상 비난
하지 않고, 대승의 도에 들어가기를 원한다면 마땅히
이 논論을 지녀 잘 생각하고 닦아 익혀야 한다. 그렇
게 하면 반드시 최고의 깨달음에 이르게 될 것이다.
만약 어떤 사람이 이 법을 듣고 겁내는 나약한 마음
을 내지 않으면 반드시 붓다가 될 가능성을 얻고 장
차 붓다가 되리라는 약속을 받게 될 것이다. 가령 어
떤 사람이 삼천대천세계에 가득한 중생을 교화하여
열 가지 선행을 하게 하더라도 밥 한 번 먹는 사이에
대승을 바르게 사유하는 사람보다 못하다. 전자의 공
덕을 뛰어넘는 것을 다 설명할 수 없다.

또 만약 어떤 사람이 이 논을 받아 지녀서 하루낮 하룻밤만 읽고 수행하더라도 그의 공덕은 헤아릴 수 없을 정도로 많아 이루 말로 다할 수 없다. 가령 온 세계의 모든 붓다 한 사람 한 사람이 셀 수 없는 아승기겁 동안 그 사람의 공덕을 찬탄하여도 다 찬탄할 수 없을 정도이다. 왜냐하면 대승의 공덕이 무한하기 때문에 이 사람의 공덕 역시 그처럼 한계가 없다.

그 어떤 사람이 이 논의 내용을 헐뜯고 비방하고 불신하면 그는 셀 수 없는 겁이 지나도록 큰 괴로움을 받을 것이다. 그런 까닭에 믿어야 하고 비방해서는 안 된다. 그것은 스스로를 깊이 해칠 뿐 아니라 남도 역시 해치고 모든 삼보의 종자가 끊어지게 한다. 모든 여래가 대승에 의지하여 열반을 얻었기 때문이며 모든 보살도 대승에 의지해 수행하여 붓다의 지혜를 얻었기 때문이다. 과거 보살은 이미 이 법에 의지해 깨끗한 믿음을 성취하였고, 현재 보살도 지금 이 법에 의거해 깨끗한 믿음을 성취하고, 미래 보살도 당연히 이 법에 의지해 깨끗한 믿음을 성취하리라는 것을 알아야 한다. 그러므로 중생들은 부지런히 닦고 배워야 한다.

9-9.
공덕을 회향*하는 노래

모든 붓다의 매우 깊고 광대한 뜻을
나는 이제 능력껏 모두 설하였으니
진리의 본성 같은 이 공덕을 회향하여
널리 모든 중생을 이롭게 하리.

* 회향(廻向): 자신이 닦은 선근 공덕을 다른 중생을 향하여 돌리는 것.

낭송Q시리즈 북현무
낭송 대승기신론

10부
대승기신론소/별기

10-1.
대승의 근본은 텅 비어 고요하고,
충만하여 그윽하다

『대승기신론』(이하『기신론』)의 핵심은 대승의 근본이다. 대승의 근본은 텅 비어 고요하고, 충만하여 그윽하다. 대승의 근본이 그윽하고 그윽하나 온갖 만물로부터 벗어나 있지 않고, 고요하고 또 고요하나 오히려 온갖 말을 담고 있다. 온갖 만물로부터 벗어나지 않았지만 영묘한 눈으로도 그 실체를 보지 못하고 온갖 담론을 담고 있지만 뛰어난 말재주로도 그 내용을 표현하지 못한다. 크다고 말하려 해도 들어갈 수 있는 내부가 없어 버릴 것이 없고, 작다고 말하려 해도 감싸안을 바깥이 없어 넉넉하다. 있다고 말해 보지만 한결같이 작용하면서도 비어 있고, 없다고 주장하지만 만물이 이것을 타고 생겨난다. 무엇이라 말해야 할지 알 수 없어서 억지로 이름 붙여 대승大乘이라 한다.

말을 하지 않아도 도를 전하고, 척 보기만 해도 도를 아는 사람이 아니고서야 누가 말을 벗어나서 대승을 논할 수 있으며, 생각을 멈추고 깊은 믿음을 일으킬 수 있겠는가. 마명보살은 크나큰 자비의 마음으로, 저 무명의 헛된 바람이 불어 중생의 마음이 쉽게 흔들리는 것을 안타까워하고, 우리의 마음에 본래 있는 깨달음이 긴 꿈에서 깨어나지 못하는 것을 가엾게 여겼다. 그러므로 중생을 내 몸과 같이 생각하는 지혜의 힘으로 『기신론』을 짓고 여래가 가르친 경전의 깊은 뜻을 풀이하였다. 공부하는 사람들이 이 글을 잠시 열어 보기만 해도 붓다가 가르친 근본 뜻을 두루 파악하고, 도를 닦는 사람들이 온갖 대상에 얽매이는 것을 영원히 그쳐 마침내 하나의 마음이라는 근원으로 돌아가기를 원했기 때문이다. _『대승기신론소』(이하 『소』)

10-2.
하나의 마음과 두 개의 문으로
펼치고 합치는 것이 자유자재하다

『기신론』은 하나의 마음[一心]으로부터 진여문과 생멸문이라는 두 문[二門]을 열어 수많은 경전의 가르침을 총괄하였다. 『기신론』은 번뇌에 물든 마음이 생멸하는 모습으로부터 깨끗한 진여의 본성을 드러내고, 서로 모순되어 보이는 경전의 말씀이 결국은 한 맛이고 하나의 가르침임을 밝혔다. 또 언제 어디에서나 중생구제의 활동을 쉬지 않는 붓다들이 중생에게 응하는 모습을 설명하고, 대승보살들의 발심과 수행의 인연을 보이고, 지극한 도가 넓고 호탕한 것을 드러내고, 미세하고 은밀한 도리의 핵심을 밝혔다.

『기신론』은 펼치면 헤아릴 수도 없이 넓은 대승의 뜻을 근본으로 삼고, 합치면 두 개의 문[二門]과 하나의 마음[一心]이라는 가르침으로 모아진다. 진여문과 생멸문 안에 온갖 뜻을 담고 있지만 혼란스럽지 않다. 헤아릴 수 없이 수많은 뜻이 하나의 마음에 함께 녹아들어가 있다. 그러므로 펼치고 합치는 것이 자유자재하며, 세우고 깨뜨리는 것이 걸림이 없다. 펼쳐도 번잡하지 않고, 합쳐도 협애하지 않다. 세워도 얻는 것이 없고, 깨뜨려도 잃는 것이 없다. 이것이 마명보살의 놀라운 능력이며 『기신론』의 근본이다. -『소』

10-3.
세우고 깨뜨리는 것에 걸림이 없다

대승의 근본은 텅 비었다. 무한한 허공과 같아 한곳
에 치우치지 않으므로 사사로움이 없다. 대승의 근본
은 넓다. 거대한 바다와 같아 모든 것을 비추므로 지
극히 공정하다. 지극히 공정하기 때문에 마음의 움직
임과 고요함이 인연 따라 이루어진다. 사사로움이 없
기 때문에 오염된 마음과 깨끗한 마음이 어우러진다.
오염된 마음과 깨끗한 마음이 어우러지기 때문에 붓
다와 중생이 평등하다. 마음의 움직임과 고요함이 인
연 따라 이루어지기 때문에, 수행의 높고 낮음에 차
이가 있다.

수행의 높고 낮음에 차이가 있기 때문에 중생과 붓다
가 감응하는 길이 서로 통한다. 붓다와 중생이 평등
하기 때문에 생각의 길이 끊어진다. 생각의 길이 끊

어졌기 때문에 그것을 체득하면 어떤 모습과 소리에 응하더라도 걸림이 없다. 중생과 붓다가 감응하는 길이 통하기 때문에 그것을 간절히 바라는 자는 이름과 형상을 뛰어넘어 돌아갈 곳이 있다.

체득한 자가 응한 모습과 소리는 형상도 아니고 언어도 아니다. 이미 이름과 형상을 뛰어 넘었는데 무엇을 뛰어넘으며, 무엇으로 돌아간다는 말인가? 이것을 일러 도리가 아닌 지극한 도리라고 하며 그렇지 않으면서 크게 그러한 것이라고 한다.

논서기신론는 세우지 않은 것이 없으며 깨뜨리지 않은 것이 없다. 모든 것이 실체가 없다는 『중관론』中觀論의 가르침은 모든 집착을 다 깨뜨린다. 깨뜨린 것을 다시 깨뜨리고, 깨뜨리는 자와 깨뜨려지는 대상의 구분마저 깨뜨렸다. 이것을 버리기만 하고 두루 미치지 않는 주장이라고 한다. 모든 것은 오직 마음일 뿐이라는 『유가론』瑜伽論의 가르침은 깊고 얕은 이론들을 모두 다 세워서 경전들의 우열을 판단하되 자신이 세운 주장을 하나도 버리지 않았다. 이것을 주기만 하고 도로 빼앗지 않는 주장이라고 한다.

그러나 지금 이 『기신론』은 지혜롭고 자애롭고 또 깊고 넓기 때문에 세우지 않는 것이 없으면서도 스스로 세운 것을 버리고, 깨뜨리지 않는 바가 없으면서도 깨뜨린 것을 도리어 긍정한다. 도리어 긍정한다는 것은 버리는 자가 모두 다 버리면 다시 세우게 되는 것을 말한다. 스스로 세운 것을 버린다는 것은 주는 자가 모든 것을 주고나면 빼앗게 되는 것을 말한다. 이것을 일러 모든 논 중에서 으뜸이고, 모든 논쟁을 평정하는 주인이라고 한다. _『대승기신론 별기』(이하『별기』)

10-4.
제목의 '대승'을 풀이한다

대승의 '대'大는 진리가 크다는 것으로, 모든 것을 다 감싼다는 뜻이다. '승'乘은 수레의 비유로 실어 나르는 것을 일삼는다.

대승은 한량없고 끝없고 무한하여 모든 것에 두루 미친다. 허공처럼 넓고 커서 모든 중생을 받아들인다. 중생 구제를 도외시하고 자신의 해탈만을 중시하는 성문이나 벽지불과는 함께하지 않기 때문에 대승이라고 한다. **『허공장보살경』**(虛空藏菩薩經)

승乘은 수레의 각 부분에 비유해서 설명한다. 보시하고 부드럽게 말하며 도와주고 중생과 함께 하는 삶이 수레바퀴가 된다. 계를 지키는 깨끗한 삶이 바퀴살이 된다. 청정한 공덕을 쌓는 수행이 바퀴통이 된다. 견고하고 순수하게 마음을 집중하여 굴대를 고정시킨다. 선정을 닦는 것이 끌채가 된다. 자비롭고 평등한 마음이 수레를 이끄는 말이 된다. 선지식이 수레를 모는 사람이 된다. 모든 것이 무상하고 괴롭고 무아無我라는 가르침을 채찍으로 삼는다. 도道로 나아가는 여러 수행법이 수레의 나머지 구성요소들이 된다. 위파사나 수행을 곧은 길로 삼고, 팔정도八正道로 똑바로 나아가며, 밝은 지혜를 수레 위의 가마로 삼고, 육바라밀을 닦아 최고의 깨달음에 회향하고, 걸림이 없는 사성제四聖諦를 통해 깨달음의 언덕으로 건너간다. 이것이 곧 대승이다.『허공장보살경』

대승은 일곱 가지 크다는 뜻과 통한다. 첫째, 경계가 크다는 뜻이다. 보살이 추구하는 길은 헤아릴 수 없이 많은 경전의 가르침을 따르기 때문이다. 둘째, 실천이 크다는 뜻이다. 나와 남을 이롭게 하는 폭넓은 실천을 바르게 행하기 때문이다. 셋째, 지혜가 크다는 뜻이다. 모든 중생에 실체가 없다는 것을 알기 때문이다. 넷째, 정진이 크다는 뜻이다. 기나긴 시간 동안 어려운 수행을 부지런히 닦기 때문이다.

다섯째, 중생을 이끄는 힘이 크다는 뜻이다. 생사에
도 머물지 않고 열반에도 머물지 않기 때문이다. 여
섯째, 체득한 것이 크다는 뜻이다. 여래의 모든 힘
과 뛰어난 능력을 얻기 때문이다. 일곱째, 활동이
크다는 뜻이다. 생사가 다하도록 모든 깨달음을 이
루고 중생을 구제하는 붓다의 사업을 우뚝 세우기
때문이다.『대승아비달마집론』(大乘阿毗達磨集論)_『소』

10-5.
제목의 '기신'을 풀이한다

기신起信은 이 글을 통해 중생이 믿음을 일으킨다는
뜻이다. 믿음이란 무엇에 대해 결정적으로 그렇다라
고 말하는 것이다. 진리가 참으로 있다고 믿으며, 수
행하여 얻을 수 있다고 믿으며, 수행하여 얻으면 그
덕이 무한하다는 것을 믿는 것이다.

진리가 참으로 있다라고 믿는 것은 대승의 뛰어난 근
본을 믿는 것이다. 세간과 출세간의 모든 것에서 실체
라고 할 만한 것을 얻을 수 없다는 것을 확신하여서
참으로 모든 존재의 근본이 평등하다는 것을 믿는다.

수행을 통하여 얻을 수 있다고 믿는 것은 대승의 뛰
어난 능력을 믿는 것이다. 중생의 본성에 간직되어
있는 진여의 공덕이 중생을 훈습하기 때문에 진여와
중생이 서로를 훈습하면 반드시 하나의 마음이라는

근원으로 돌아갈 수 있다고 믿는 것이다.

수행하여 얻으면 그 덕이 무한하다고 믿는 것은 대승의 뛰어난 활동력을 믿는 것이다. 진여는 하지 못하는 일이 없기 때문이다. 만일 누구라도 이 세 가지 믿음을 일으킬 수 있다면, 붓다의 가르침을 받아들여 온갖 공덕을 내고, 모든 망상의 경계에서 벗어나 완전한 깨달음에 이를 수 있다.

> 믿음은 도의 으뜸이요, 공덕의 어머니이다. 모든 선근을 키우고 일체의 의혹을 사라지게 하여 최고의 깨달음을 열어 보인다. 믿음은 온갖 망상의 경계를 벗어나게 하고 완전한 해탈의 길을 보여 준다. 믿음은 파괴될 수 없는 공덕의 씨앗으로 완전한 깨달음의 나무를 낳는다. **『화엄경』**(華嚴經)

믿음에는 이처럼 헤아릴 수 없을 만큼 뛰어난 공덕이 있다. 이 논을 읽고 발심할 수 있으므로 『기신론』이라고 한다. -『소』

10-6.
하나의 마음에 목숨을 다하여 귀의합니다

목숨[命]을 다하여 귀의[歸]한다는 것은 무슨 뜻인가?
귀의한다[歸]는 것은 공경하여 따르고, 향하여 나아
간다는 뜻이다. 목숨[命]은 생명의 근본으로 몸의 모
든 기관을 다스린다. 몸에서 오직 생명이 주인이니
모든 살아 있는 것들이 소중하게 여기는 것 가운데
생명보다 더 중요한 것은 없다. 이와 같이 둘도 없는
생명을 들어서, 붓다[佛]와 붓다의 가르침[法]과 붓다
의 가르침을 실천하는 공동체인 승가[僧], 삼보三寶에
대한 지극한 존경과 믿음의 극진함을 표현한다.
귀명歸命이란 근원으로 돌아간다는 뜻이기도 하다.
우리가 세계를 인식하는 기관인 눈, 귀, 코, 혀, 몸, 정
신의 여섯 가지 뛰어난 능력은 모두 하나의 마음에서
온 것인데도 자신의 근거인 하나의 마음을 등지고 마

음이 만들어 낸 헛된 대상을 향하여 흩어져 달려 나간다. 이제 목숨을 다하여 여섯 가지 인식 능력을 모두 거두어들여 하나의 마음이라는 근원으로 돌아가게 하므로 몸과 마음을 다하여 귀의한다고 표현한다. 돌아가야 할 곳인 하나의 마음이 바로 삼보이기 때문이다.

10-7.
삼보에 귀의하는 노래 : 불보(佛寶)

온 세상 다하도록 하는 일마다 가장 뛰어나고
지혜로 모든 것을 두루 알고
몸은 걸림 없이 자유자재하게
세상을 구제하는 대비하신 분께
목숨을 다하여 귀의합니다.「기신론」

"온 세상 다하도록 하는 일마다 가장 뛰어나고"는 붓
다가 이 세상에 태어나 열반에 이르기까지 중생을 교
화하는 삶의 모습을 찬탄한다. 세상 어디에서나, 과거
·미래·현재 어느 때나, 중생을 구제하는 붓다의 일
을 하는 것이다.
"지혜로 모든 것을 두루 알고"는 지혜를 찬탄한다. 붓
다의 활동이 온 세상 어디에서나 이루어지는 것은 지

혜가 미치지 않는 곳이 없기 때문이다. 지혜가 어디에서나 작용하고 있으므로 모든 것을 두루 알 수 있다. "마치 허공이 모든 물질세계에 가득하여서 생겨나고 머물고 없어지는 변화가 없는 것"『섭대승론』(攝大乘論)처럼 여래의 지혜 또한 그러하다. 알아야 할 모든 것에 두루 미치고 도리에 어긋남이 없고 변화도 없기 때문이다.

"걸림없이"는 붓다의 몸 자체의 신비로운 능력을 찬탄한다. "자유자재하게"는 붓다의 몸의 작용이 뛰어난 것을 찬탄한다. 붓다의 신체는 온갖 덕행의 힘과 중생에게 작용하는 불가사의한 훈습의 힘을 갖추고 있다. 비록 몸이 있지만 걸림이 없고 드러난 모습에 제한이 없다. 그렇기 때문에 무엇에도 걸림 없는 것이다.

> 허공의 끝을 구하고자 하면 얻을 수 있지만 붓다의 경우는 털구멍 하나라도 끝이 없다. 붓다의 덕이 이처럼 불가사의하므로 여래의 청정한 앎이라 한다.『화엄경』

"세상을 구제하는 대비하신 분"은 붓다의 인격을 들어 찬탄을 마무리한다. 붓다는 불타는 집에서 불이

난 줄도 모르고 놀고 있던 아이들을 지혜롭게 구해내는 대장자(『법화경』)처럼 중생을 자식으로 여긴다. 붓다는 불타는 집과 같은 중생들의 세계에 들어가 고통으로부터 중생을 구한다. 세상을 구제하는 덕이 바로 대비大悲이다. 너와 나의 분별이 없이 가리지 않고 베푸는 자비는 자비 중에서도 가장 뛰어난 자비이므로 대자비라고 표현하였다. 붓다의 덕이 많지만 오직 대자비를 힘으로 쓰기 때문에 그것만을 들어서 붓다의 인격을 드러내었다.

10-8.
삼보에 귀의하는 노래 : 법보(法寶)

모든 깨달은 이들의 근거이고 특성이며
법法의 본성인 진여의 바다에
목숨을 다하여 귀의합니다.「기신론」

"모든 깨달은 이들의 근거이고 특성이며 법의 본성
인 진여의 바다"는 법보이다. 진여란 무엇인가? 버릴
것이 없는 것을 진眞이라 하고, 세울 것이 없는 것을
여如라고 한다. 그러므로 실은 이 진여 자체에는 버릴
수 있는 것도 없다. 모든 것이 다 진실하기 때문이다.
또한 진여 자체에는 따로 세울 수 있는 것도 없다. 모
든 것이 동일한 하나이기 때문이다. 모든 것은 말로
표현할 수도 없고, 분별하여 생각할 수도 없다. 그러
므로 있는 그대로 진실하다는 의미에서 진여라고 이

름 붙인 것임을 알아야 한다.

바다라고 한 것은 비유이다. 바다에는 네 가지 뜻이 있다.

첫째는 매우 깊다는 뜻이요, 둘째는 매우 넓다는 뜻이요, 셋째는 보물이 무한하다는 뜻이요, 넷째는 온갖 형상을 비추어 나타낸다는 뜻이다. 진여의 바다 역시 그러한 네 가지 의미를 함축한다. 진여는 옳다 그르다는 모든 분별을 영원히 끊었고, 모든 만물을 포용하고, 모든 덕을 갖추었고, 어떤 모습이라도 나타내기 때문이다. 그러므로 법의 본성인 진여의 바다라고 표현한다.

비유하면 큰 바다에 진귀한 보물이 한이 없고, 중생들의 온갖 종류가 다 모습을 나타내는 것처럼 깊고 깊은 인연의 바다에는 공덕의 보물이 한이 없고, 청정한 진리의 몸에는 어떤 모습이든 나타난다. 『화엄경』

10-9.
삼보에 귀의하는 노래: 승보(僧寶)

헤아릴 수 없는 공덕을 간직하고,
진실하게 수행하는 모든 분들께
목숨을 다하여 귀의합니다.「기신론」

"헤아릴 수 없는 공덕을 간직하고, 진실하게 수행하는 모든 분들"은 승보를 나타낸다. 수행이 깊은 법신보살의 단계에서는 보살이 하나의 행을 닦아도 만 가지 행을 완성하고 하나 하나의 행이 모두 존재의 근본과 일치하므로 헤아릴 수 없는 능력을 품고 있다. 이와 같은 능력이 모두 보살에게 속하고, 보살은 이 능력을 거두어 간직한다.

"진실하게 수행하는 모든 분들"이란 수행의 공덕을 찬탄한다.

근본적으로 분별하지 않는 지혜인 '근본 무분별지' 根本無分別智가 진실한 수행이다. 분별하지 않는 지혜를 얻은 이후의 삶에서 나타나는 일상의 지혜[後得智]를 걸림 없는 실천이라고 한다.「**보성론**」(寶性論)

_『소』

10-10.
아래로는 중생을 교화하고
위로는 불도를 넓힌다

이 글을 쓰는 것은
중생이 의심을 없애고, 잘못된 집착을 버리고,
대승에 대한 올바른 믿음을 일으켜서
붓다의 가르침이 끊어지지 않기를 바라기 때문입
니다. 『기신론』

『기신론』을 지은 대의이다. 논을 지은 대의는 두 가지
로 앞부분은 중생을 교화한다는 뜻을 밝혔고, 뒷부분
은 붓다의 도를 널리 전하려는 뜻을 나타냈다. 중생
이 영원히 생사의 바다에 빠져 열반의 언덕으로 나아
가지 못하는 까닭은 다만 의혹과 잘못된 집착 때문이
다. 그러므로 이제 중생 교화의 핵심은 의심을 없애
고 잘못된 집착을 버리게 하는 데 있다.

대승에 대한 의심

대승을 구하는 자의 의심에는 두 가지가 있다.

첫째, 대승이 무엇인지 의심하는 것으로 이는 발심하는 데 장애가 된다. 둘째, 대승에 들어가는 문을 의심하는 것으로 이는 수행에 장애가 된다.

대승이 무엇인지 의심한다는 것은 다음과 같다.

대승의 근본 바탕이 하나인가 여럿인가? 만일 하나라면 대승 이외에는 다른 것이 없다. 대승만 있고 다른 것이 없다면 중생은 어디에 있는가? 중생이 없다면 보살은 누구를 위하여 넓고 큰 서원을 낼 것인가? 만약 대승이 여럿이라면 이는 근본이 하나가 아니라는 것이다. 근본이 하나가 아니라면 중생과 나는 서로 다른 존재이다. 그렇다면 어떻게 중생과 내가 한 몸이라고 생각하는 대자비의 마음을 일으킬 수 있는가? 이러한 의심 때문에 발심하지 못한다.

수행에 대한 의심

대승에 들어가는 문을 의심한다는 것은 다음과 같다.

여래가 세운 가르침이 많은데 어느 가르침에 의하여 처음 수행을 시작할 것인가? 만일 많은 수행에 의거해야 한다면 단번에 수많은 수행을 시작할 수 없고, 만일 한두 가지 수행에 의지해야 한다면 무엇을 버리고 무엇을 선택해야 하는가? 이러한 의심 때문에 수행을 시작할 수 없다.

그러므로 이제 『기신론』에서는 위의 두 가지 의심을 제거하기 위하여 하나의 마음을 세우고 진여문과 생멸문이라는 두 개의 문을 열었다.

대승에 대한 의심을 제거한다

먼저, 하나의 마음을 세워 대승에 대한 의심을 제거한다.

대승에는 오직 하나의 마음이 있을 뿐, 하나의 마음 이외에는 다시 다른 것이 없다는 것을 밝혔다. 다만 무명이 본래의 하나의 마음을 미혹시켜 물결을 일으키고 중생을 윤회의 길에 떠돌게 한다. 비록 하늘, 인간, 축생, 아수라, 아귀, 지옥의 여섯 가지 물결을 일으키지만 끝내 하나의 마음이라는 바다를 벗어나지 못한다. 하나의 마음이 움직여 미혹과 번뇌의 물결이 일어나기 때문에 널리 중생을 구제하려는 서원을 낼수 있다. 중생의 미혹된 삶이 하나의 마음을 벗어나지 않기 때문에 중생을 같은 몸이라고 생각하는 대자비의 마음을 일으킬 수 있다. 이렇게 의심을 제거하고 대자비의 마음을 낸다.

수행에 대한 의심을 제거한다

다음으로, 두 가지 문을 연 것은 수행에 대한 의심을 제거한다.

여러 가르침이 비록 많지만 처음 수행에 들어가는 사람들은 여기서 제시한 두 개의 문을 벗어날 수 없다. 진여문으로 마음을 고요히 다스리는 지행止行을 닦고 생멸문으로 마음에 나타나는 대상을 잘 관찰하는 관행觀行을 닦는다. 지행과 관행을 같이 닦으면 온갖 수행방편을 갖추게 되므로 이 두 문에 들어가면 모든 문에 다 통달한다. 이렇게 의심을 제거하고 바르게 수행한다.

"잘못된 집착을 버린다"는 것은 두 가지 집착, 즉 영원불변한 자아가 있다는 인아집人我執과 사물에 불변의 실체가 있다는 법아집法我執을 버리는 것이다. "붓다의 가르침이 끊어지지 않기를 바라며"는 붓다의 가르침을 널리 전파하려는 것이다. 대승에 대한 의심과 대승에 들어가는 수행에 대한 두 가지 의심을 없애고, 확고한 믿음을 일으켜, 대승은 오직 한 마음일 뿐이라는 것을 믿고 이해하기 때문에 대승에 대한 올바른 믿음을 일으킬 수 있다. 인아집과 법아집이라는 잘못된 분별을 버려서 분별하지 않는 지혜를 얻고, 수행을 통해 깨달음을 이어갈 수 있으므로 붓다의 가르침이 끊어지지 않는다. "불법의 큰 바다는 믿음으로 들어갈 수 있고 지혜로 건널 수 있다"「대지도론」라고 한 것과 같이 지혜를 들어 붓다의 가르침을 널리 전파할 것을 밝혔다. -「소」

10-11.
중생의 마음에 의지하여
대승의 의미를 설명한다

대승이란 무엇인가?

대승은 중생의 마음이다. 중생의 마음은 세간과 출세간의 모든 것을 포함한다. 이 마음에 의지하여 대승의 의미를 설명한다. 왜냐하면 이 마음의 진여眞如의 모습이 곧 대승 자체이고, 또 이 마음의 생멸인연의 모습이 대승 자체의 모습과 작용이기 때문이다.『기신론』

"대승이란 무엇인가? 대승은 중생의 마음이다"는 대승 자체를 설명한 것이다. 존재하는 모든 것은 별도의 본질이 없고 오직 하나의 마음을 본바탕으로 삼을 뿐이기 때문에 대승은 중생의 마음이라고 말한다. "중생의 마음은 세간과 출세간의 모든 것을 포함한다"고 한 것은 대승이 소승과 다른 점을 나타낸다. 소승에서 모든 것에 각각 자체가 있다고 하는 것과 다르기 때문이다. 그러므로 하나의 마음이 대승이라고 말한다.

그런데 마음은 하나이지만 대승의 뜻이 넓기 때문에 두 개의 문을 세워서 대승을 설명한다. 진여문에 대승의 근본바탕을 두고, 생멸문에 대승 자체의 모습과 작용을 두었다. 대승의 의미가 근본바탕과 모습과 작용을 벗어나지 않으므로 한 마음에 의지하여 대승의 뜻을 나타낼 수 있다.

"이 마음의 생멸 인연의 모습이 대승 자체의 모습"이다. 여기서 대승 자체란 생멸문 안의 본래 깨달음, 본각이다. 이것이 생멸의 근거가 되고, 생멸의 원인이 되기 때문이다. 그러므로 대승 자체는 생멸문 안에도 있는 것이다.

모습과 작용은 무엇인가? 두 가지로 설명한다.

첫째, 여래장에 있는 헤아릴 수 없는 많은 덕성과 능력이 나타나는 것이 모습이다. 그러므로 중생의 마음의 모습이 크다. 여래장이 불가사의한 진여의 활동을 보이는 것이 작용이다. 그러므로 중생의 마음의 작용이 크다.

둘째, 무명이 진여를 훈습하여 나타난 오염된 모습을

모습이라 하고 무명으로 인하여 오염된 마음에 진여가 일으킨 깨끗한 작용을 작용이라 한다. 이것은 "이처럼 진여는 깨끗하여서 어떤 오염도 없는데 다만 무명으로 훈습하였기 때문에 오염된 모습이 나타난다. 오염된 무명에는 어떤 깨끗함도 없는데 다만 진여로서 훈습하였기 때문에 깨끗한 진여의 작용이 일어난다"라고 한 것과 같다. _『소』

10-12.
진여문은 공통의 모습을,
생멸문은 다른 모습을 나타낸다

중생의 마음은 하나의 마음[一心]이다. 하나의 마음
에 두 개의 문[二門]이 있다. 두 개의 문이란 진여문
眞如門과 생멸문生滅門이다. 이 두 개의 문은 각각 세
간과 출세간의 모든 것을 다 포함한다. 어떻게 서
로 다른 두 개의 문이 각각 모든 것을 포함할 수 있
는가? 진여문과 생멸문이 서로 떨어져 있지 않기
때문이다.「기신론」

"중생의 마음은 하나의 마음이다"는 "번뇌가 사라진
고요한 마음이 하나의 마음이며, 하나의 마음이 여래
장이다"「능가경」(楞伽經)라는 말과 같다. 마음의 진여문은
번뇌가 사라진 고요한 마음이 하나의 마음이다를 풀
이한 것이다. 마음의 생멸문은 하나의 마음이 여래장

이다를 풀이한 것이다. 존재하는 모든 것은 생기지도 않고 없어지지도 않아 본래 고요하고 오직 하나의 마음이다. 이것을 마음의 진여문이라 하기 때문에 번뇌가 사라진 고요한 마음이 하나의 마음이다

또, 하나의 마음의 본체는 본래 깨달음인 본각이지만 무명을 따라 움직이므로 생멸이 일어난다. 그러므로 이 생멸문에 여래의 성품인 본래 깨달음이 감추어져서 드러나지 않는 것을 여래장이라고 부른다. "여래장은 선한 것과 선하지 않은 것의 원인으로 능히 모든 중생의 세계를 두루 만들어 낼 수 있다. 비유하자면 마술사가 환술로서 여러 가지 모양을 나타내는 것과 같다."『능가경』 그러므로 한 마음이 여래장이다고 말했다. 이것은 생멸문을 나타낸 것이다. 그러나 다만 생멸하는 마음만을 생멸문이라 하는 것이 아니다. 생멸 자체와 생멸의 모습을 모두 취하여 생멸문 안에 둔다는 뜻임을 알아야 한다.

두 개의 문이 이와 같은데 어떻게 하나의 마음이 될 수 있는가? 오염된 마음과 깨끗한 마음이 그 본성이 둘이 아니고, 진여와 생멸의 두 개의 문이 다르지 않기 때문에 하나라고 표현한다. 이처럼 두 문이 다르지 않은 곳에 모든 것의 알맹이가 있으므로 허공과 같지 않다. 또한 그 본성이 모든 것을 저절로 신령스

럽게 이해하기 때문에 마음이라고 한다.

그러나 이미 둘이 없는데 어떻게 하나가 있을 수 있는가? 하나도 있지 않는데 무엇을 일러 마음이라 하는가? 짐짓 모순된 듯 보이는 이러한 도리는 말을 벗어나고 생각의 길이 끊어진 도리이므로 무엇이라고 칭해야 할지 모르기에 억지로 하나의 마음[一心]이라 부를 뿐이다.

"이 두 개의 문은 각각 세간과 출세간의 모든 것을 다 포함한다"고 한 것은 중생의 마음은 세간과 출세간의 모든 것을 포함한다를 풀이한 것이다. 앞에서 마음이 모든 것을 포함한다고 바로 밝혔고 이제 여기에서는 두 개의 문이 모두 각각 모든 것을 포함한다고 말하고 있다.

"진여문과 생멸문이 서로 떨어져 있지 않기 때문이다"는 두 개의 문이 각각 모든 것을 포함하는 이유를 설명한 것이다. 진여문은 깨끗한 마음과 오염된 마음 모두에게 공통 근거이므로 공통 근거를 떠나서 따로 무엇도 있을 수 없다. 그러므로 진여문은 오염된 것과 깨끗한 것을 모두 포함한다. 생멸문은 오염된 것과 깨끗한 것의 모습을 구분하여 나타내지만 모두 갖추지 않는 것이 없다. 그러므로 생멸문 역시 모든 것을 포함한다.

비록 진여문의 공통의 근거와 생멸문의 구분하는 모
습이 서로 다르지만 모두 부정할 것이 없다. 그러므
로 진여문과 생멸문은 서로 분리되지 않는다. -『소』

10-13.
진여문과 생멸문은 공통 원리〔理〕와 구체적 사물〔事〕을 모두 포함한다

진여문은 모든 것의 공통 근거이다. 이 공통 근거 바깥에는 아무것도 없으므로 모든 것이 공통 근거에 포함된다. 마치 흙이 모든 질그릇에 공통된 것이어서 흙을 떠나 별도의 질그릇이 없고, 모든 질그릇이 흙에 포함되는 것과 같다. 진여문 또한 이와 같다.

생멸문은 깨끗한 것과 깨끗하지 않은 것의 내적 원인인 진여와 외부의 조건이 화합한 것으로, 모든 변화를 만들어 낸다. 생멸문이 비록 모든 변화를 만들지만 진여의 본성은 파괴되지 않는다. 그러므로 생멸문은 진여를 포함한다. 마치 흙으로 질그릇을 만들지만 언제나 흙의 본성과 특성을 잃어버리지 않기 때문에 질그릇이 흙을 포함하는 것과 같다. 생멸문 역시 이와 같다.

비록 진여문과 생멸문이 서로 별개의 근거를 갖지 않는다 해도 두 문이 서로 어긋나서 통하지 않을 수도 있다. 만일 그런 경우라면 진여문은 불변의 공통 원리[理]는 포함하지만 생멸·변화하는 구체적 사물[事]은 포함하지 않고, 생멸문은 구체적 사물은 포함하지만 공통 원리는 포함하지 않아야 할 것이다. 그런데 이제 두 문은 서로 통하고 서로를 가로막는 제한이 없으므로 두 문은 각각 공통 원리와 구체적 사물을 모두 포함한다. 그렇기 때문에 두 개의 문은 서로 떨어져 있지 않다고 한다. _『별기』

10-14.
진여문은 대승 자체를, 생멸문은 대승
자체의 모습과 작용을 나타낸다

묻는다. 만약 이 두 개의 문이 각각 공통 원리와 구체
적 사물을 모두 포함한다면 어찌하여 진여문에서는
단지 대승 자체만을 나타내고 생멸문에서는 대승 자
체의 모습과 작용을 모두 나타내는가?

답한다. 포함한다[攝]는 뜻과 나타낸다[示]는 뜻이 다
르다. 어떻게 다른가? 진여문은 구체적 모습을 없앰
으로써 공통 원리를 드러낸다. 그러나 모습을 없앴다
는 것까지 제거할 수는 없으므로 모습을 포함할 수
있고, 모습을 없애서 보존하지 않기 때문에 모습을
나타낼 수 없다. 생멸문은 공통 원리를 붙들고 생멸·
변화하는 구체적인 사건을 만든다. 공통 원리를 붙들
고 파괴하지 않으므로 공통 원리를 포함할 수 있다.
공통 원리를 붙들고 없애지 않으므로 또한 본바탕을

나타낼 수 있다. 이러한 뜻에 의거하면 진여문과 생멸문에 대한 설명은 같지 않다. 그러나 넓게 논하자면 포함한다는 뜻과 나타낸다는 뜻은 통한다. 그러므로 진여문에서도 역시 구체적 사물의 모습을 나타내야 하겠지만 생략하였기 때문에 말하지 않았을 따름이다. _『별기』

10-15.
진여문과 생멸문에서 공통 원리와 구체적 사물은 다르게 표현된다

묻는다. 두 개의 문이 같지 않다는 뜻은 이제 알겠다. 그러나 두 개의 문이 포함하는 공통 원리와 구체적 사물이 진여문과 생멸문에서 어떻게 다른지는 아직 모르겠다.

답한다. 공통 원리와 구체적 사물을 두 문에서 구분하면 같지 않다. 왜냐하면 진여문이 포함하는 구체적 사물(진여문에서 없앤 모습)들은 망념에 의해 분별된 것이다. 모든 법이 생겨나지도 않고 없어지지도 않아 본래 고요하지만 다만 망념 때문에 차별이 생겨난다. 이렇게 차별이 있는 것을 분별된 것이라 말한다. 생멸문에서 말하는 구체적 사물들은 인연에 의존하는 것이다. 모든 것은 원인과 조건이 화합하여 생겨나고 없어지기 때문에 인연에 의존하는 것이라 말한다.

그러나 분별된 것과 인연에 의존하는 것이 비록 같지 않지만 또한 다르지도 않다. 왜냐하면 인연으로 생겨나서 생멸하는 모든 것은 망념을 떠나지 않고 차별이 있다. 차별이 있다는 점에서 분별된 것은 인연에 의존하는 것과 다르지 않다. 그러므로 분별된 것은 생멸문에도 있다. 또 인연으로 생겨난 것에서는 이것이다, 저것이다, 이것과 저것이 함께 있다라는 고정된 모습을 얻을 수 없다. 고정된 모습을 얻을 수 없다는 점에서 인연에 의존하는 것은 분별하는 것과 다르지 않다. 그러므로 인연에 의존하는 것은 진여문에도 있다.

이와 같이 분별된 것과 인연에 의존하는 것은 비록 다르지 않지만 또한 같은 것도 아니다. 왜냐하면 분별된 것은 본래 있는 것도 아니지만[非有] 또한 없지 않은 것도 아니며[非不無], 인연에 의존한 것은 비록 있는 것도 아니지만[非有] 또한 없는 것도 아니다[不無]. 그러므로 분별된 것과 인연에 의존한 것은 어지럽게 뒤섞여 있지 않다.

분별된 것[分別性]과 인연에 의존하는 것[依他性], 진실한 것[眞實性]이 서로 의지하여 다르지도 않고 다르지 않은 것도 아니다. 『섭대승론석』(攝大乘論釋)

이 셋이 같지도 않고 다르지도 않은 뜻을 잘 이해할
수 있으면 백가의 논쟁을 다 회통시킬 수 있다.

진여문과 생멸문이 포함하는 공통 원리가 같지 않다
는 것은 무엇인가? 진여문에서 말하는 공통 원리를
비록 진여라고 부르지만 이것은 얻을 수 없다. 그렇
다고 없는 것도 아니다. 부처가 있든 없든 진여의 본
성과 능력은 항상 머물러서 변화하지도 않고 파괴되
지도 않는다. 이것을 진여문에서 임시로 진여니 실제
니 하는 이름을 붙여서 부른다.
생멸문이 포함하는 공통 원리는 비록 그 본바탕은 생
멸의 모습을 떠났지만 상주하는 본성을 고집하지 않
고 무명의 인연을 따라 생사를 유전한다. 비록 실제
로 오염에 뒤덮여 있지만 본래 성품은 청정하다. 이
것을 생멸문에서 임시로 불성이니 본각이니 하는 이
름을 붙여서 부른다. -『별기』

10-16.
생멸과 불생불멸은 어떻게 화합하는가

생멸하는 마음은 여래장에 의지하여 일어난다. 여래장은 마음의 생멸문이 품고 있는 진여이다. 불생불멸의 여래장과 중생의 생멸하는 마음이 결합한 것을 알라야식이라고 한다. 이렇게 결합한 불생불멸과 생멸은 같은 것이라고 할 수도 없고, 다른 것이라고 할 수도 없다. 알라야식은 세간과 출세간의 모든 것을 포함하고, 모든 것을 낳는다. 「기신론」

불생불멸하는 마음과 생멸하는 마음은 본바탕이 둘이 아니다. 다만 불생불멸과 생멸이라는 두 가지 뜻에 의지하여 마음을 둘로 나누었을 뿐이다. 그러므로 "여래장에 의지하여"라고 말한다. 마치 물은 움직이지 않는데 바람이 불어 물의 움직임이 일어나는 것과 같다. 고요한 물과 움직이는 물은 모습은 둘이지만 물의 바탕은 하나이므로 고요한 물에 의지하여 움직이는 물이 있다고 말하는 것과 같다. 여래장에 의지하여 마음의 생멸이 일어난다는 뜻은 이렇게 이해해야 한다.

여기서 말하는 생멸의 마음은 알라야식이다. 이제 움직이지 않는 여래장과 움직이는 생멸심을 통틀어서 마음의 생멸문이라고 한다. 그러므로 "생멸하는 마음은 여래장에 의지하여 일어난다"는 말은 여래장을 버리고 생멸하는 마음을 취하여 생멸문을 삼은 것이 아니다. 이것은 "알라야식에는 두 가지 뜻이 있다. 첫째 깨달음, 각覺, 둘째 깨닫지 못함, 불각不覺이다"라고 말 한 것과 같다. 깨달음과 깨닫지 못함 두 뜻이 모두 생멸문에 있다는 것을 알아야 한다.

마음의 생멸은 무명에 의지하여 생겨나고, 생멸하는 마음은 본각에 의지하여 만들어진다. 본바탕이 두 개가 아니고 서로 떠나지 않으므로 화합한다고 한다. 알라야식에는 깨달음과 깨닫지 못함의 두 가지 뜻이 있지만 마음의 바탕이 둘이 아니므로 각과 불각의 뜻을 합하여 둘이 아닌 마음을 알라야식이라고 한다.

묻는다. 어떤 논서『유가론』에서는 알라야식을 업종자

를 익혀서 과보인 종자를 낳는 이숙식異熟識이라고 하
면서 이것은 한결같이 생멸하기만 한다고 말하는데
어찌하여 『기신론』에서는 알라야식에 생멸과 불생불
멸의 두 가지 뜻이 있다고 말하는가?

답한다. 각자 말한 것이 서로 어긋나지 않는다. 왜냐
하면 알라야식이라는 미세한 마음에는 두 가지 뜻이
있다. 첫째, 알라야식이 무명이 만든 업 번뇌에 감응
한다고 보는 견해이다. 이것은 없는 것을 있다고 분
별하여 집착하는 망념에 감응하는 것이므로 언제나
생멸의 작용이 이어진다. 둘째, 이와 달리 알라야식
이 근본무명에 의하여 움직인다고 보는 견해이다. 이
경우는 무명이 고요한 마음을 훈습하여 움직이게 하
니 움직임과 고요함은 분리할 수 없는 한 덩어리이
다.

알라야식을 생멸하는 것이라고 주장한 것『해심밀경』은
자아가 하나라거나 영원하다거나 하는 견해를 제거
하기 위하여 업 번뇌에 의하여 감응된다는 측면을 중
시하였다. 그러므로 알라야식은 언제나 생멸하고, 마
음과 마음의 작용이 계속해서 다르게 변화한다고 말
하였다. 이제 『기신론』은 진여의 세계와 중생의 세계
가 다르다고 하는 집착을 제거하기 위하여 무명이 움
직인다는 측면을 중시하였다. 그러므로 불생불멸과

생멸이 화합하여 서로 다르지 않다고 말하는 것이다. 그러나 이 무명이 움직여서 나타난 모습은 바로 저 업 번뇌에 의해 감응한 것이므로 두 뜻이 비록 다르더라도 알라야식의 본바탕은 둘이 아니다. _『별기』

10-17.
마음 자체는 상주하기도 생멸하기도 한다

묻는다. 마음 자체는 한결같이 상주하지만 마음의 모습은 생멸한다. 이것을 본체와 모습이 서로 떠나지 않고 하나의 식識이 된다고 해야 하는가? 아니면 마음 자체가 한결같이 상주하기도 하고 또한 생멸하기도 한다고 해야 하는가?

답한다. 만약 뜻을 아는 자라면 두 가지를 모두 용납할 수 있다. 왜냐하면 만약 상주한다고 주장하면, 불생불멸하여 불변하는 것이므로 다른 것에 의지하지 않는 본체가 된다. 만약 상주하지 않는다고 주장하면 생멸하므로 다른 것에 의지하여 변화하는 모습이 된다. 본체는 변하지 않는 것이고 모습은 변하는 것이다. 그러나 생멸이란 무엇인가? 생멸의 생生은 실체가 아닌 모습의 생겨남이요, 생멸의 멸滅은 실체가 아닌 모습의 사라짐이다. 마음이 생겨나고 마음이 사라지는 것이므로 생멸이다. 그러므로 마음 자체는 생멸한다고 말할 수 있다. 마치 물이 움직이는 것을 파도라고 하지만 끝내 이 움직임을 물의 움직임이 아니라고 말할 수 없는 것과 같다. 여기서 말하는 이치 역시 같다는 것을 알아야 한다. 마음 자체는 움직이지 않고 다만 무명의 모습이 움직일 뿐이라고 한다면 범부가 바뀌어 성인이 되는 이치는 없을 것이다. 그것은 무명의 모습은 언제나 한결같이 사라지는 것이고, 마음 자체는 본디 범부를 만들지 않는 것이기 때문이다.

반론한다. 첫째, 만약 마음 자체가 생멸한다면 참된 마음은 있을 수 없다. 생멸할 때에는 일정하게 머물지 않기 때문이다.

둘째, 만약 마음 자체는 본래 고요한데 마음 자체가 인연을 따라 움직인다고 하면 생사에 시작이 있게 된다. 본래 고요한 때에는 생사가 없기 때문에 이것은 잘못이다.

셋째, 만약 마음이 인연을 따라 변화하여 마음의 생멸을 낳는다면 하나의 마음이 인연을 따라 변화하여 여러 개의 마음을 만들 수 있다. 이 세 가지 문제제기를 피할 수 없으므로 이러한 주장은 성립할 수 없다.

답한다. 그렇지 않다. 성립할 수 있다.

세번째 질문부터 답한다. 언제나 변함없는 마음[常心]이 무명의 인연을 따라 변화하는 마음[無常心]을 만들어 내지만 그 본성[常性]은 변하지 않는다. 이와 같이 하나의 마음은 무명의 인연을 따라 수많은 중생심을 만들지만 하나의 마음은 언제나 둘이 아니다. "한 가지 맛의 약이 가는 곳에 따라 여러 가지 맛으로 달라지지만 그 약의 맛은 본래 있던 산에 머물러 있다"「열반경」(涅槃經)라고 한 말과 같다.

두번째 질문에 대해 답한다. 비록 본래 고요한 것이 인연을 따라서 움직인다고 하더라도 생사에 시작이 있다는 오류는 없다. 계속해서 움직임과 고요함이 변화하는 것은 모두 시작이 없기 때문이다. 이는 "앞의 과보가 뒤에 도리어 원인이 된다. 언제나 인과가 서로 뒤바뀌니 모두 시작이 없기 때문이다"라고 말한 것과 같다. 여기서의 이치 역시 그러함을 알아야 한다.

첫번째 질문에 답한다. 비록 마음 자체가 생멸하더라도 언제나 마음 자체는 상주한다. 본체와 생멸이 같은 것도 아니고 다른 것도 아니기 때문이다. 마음 자체는 두 개가 아니지만 그렇다고 하나라는 본질이 있는 것도 아니다. 움직임과 고요함은 하나가 아니지만 그렇다고 본질적으로 다른 것도 아니다. 그러므로 바닷물이 항상 있다는 관점으로 보면 물은 움직이는 것이고, 바닷물이 생멸 변화한다는 관점으로 보면 물은 항상 움직이지 않는 것과 같다. 상주하는 것도 아니고 단멸하는 것도 아니고, 건너가는 것도 아니고 소멸되는 것도 아니기 때문이다. 여기서의 이치 역시 그러함을 알아야 한다. 그러므로 세 가지 난제는 모두 해결되었다. _『별기』

10-18.
본각이 있으므로 시각이 있고
시각이 있으므로 불각이 있다

깨달음에는 두 가지가 있다. 본각과 시각이다. 본각
이란 마음 자체가 불각의 모습을 떠난 것으로 지혜가
작용하며 비추는 것을 말한다. 그러므로 깨달음 자체
에 큰 지혜와 광명의 뜻이 있다. 시각이란 마음 자체
가 무명에 훈습되어 망념이 일어나지만 본각의 훈습
하는 힘에 의해 점차 깨달음이 작용하여 마침내 본각
과 같아지는 것을 말한다._『별기』

시각에도 두 가지가 있다. 하나는 본각에 마주하여
불각이 일어나는 것을 밝혔고, 다른 하나는 불각에
마주하여 시각의 뜻을 밝혔다. 여기서 중요한 것은
시각이 불각에 기대고, 불각이 본각에 기대며, 본각
이 시각에 기댄다는 것이다. 상호 의존하는 것은 고

유한 본성이 없다. 고유한 본성이 없다면 깨달음[覺]
도 있지 않다. 깨달음이 있지 않다는 것은 서로 의존
하기 때문이다. 서로 의존하여 이루어진다면 깨달음
이 없는 것도 아니다. 깨달음이 없는 것이 아니기 때
문에 깨달음이라고 말할 수 있는 것이지 고유한 본성
이 있어서 깨달음이라고 말하는 것이 아니다. _「소」

불각에도 두 가지가 있다. 근본불각과 지말불각이다.
근본불각은 알라야식 안의 근본무명이다. 알라야식
에 의지해서 무명이 있다. 깨닫지 못하여 무명이 일어
나고, 대상을 보고, 경계를 나타낸다. 지말불각은 무명
이 일으킨 모든 번뇌들이다. 번뇌는 모두 불각의 모습
이다. 만약 식의 종류를 미세하고 거친 것에 의해 구
별하여 알라야식을 미세한 식이라고 하고, 근본불각
과 지말불각이 다르다면 알라야식에는 본각과 근본
불각만 있다고 해야 한다. 만약 알라야식이 미세하고
거친 식을 모두 하나로 거두어들여 지말불각이 근본
불각에 포함된다면 저 시각과 지말불각 역시 알라야
식 안에 있다고 해야 한다. "이 알라야식에 각과 불각
의 두 가지 뜻이 있다"는 것은 이 두 가지를 모두 포함
한다. 그러므로 본각과 시각의 두 가지 깨달음과 근본
불각과 지말불각의 두 가지 불각을 모두 제시하였다.
_『별기』

10-19.
본각이란 무엇인가?

묻는다. 마음 자체에 단지 불각이 없는 것을 본각이라고 하는가? 마음 자체에 지혜가 비추고 작용하는 것을 본각이라 하는가?

만약 다만 불각이 없는 것만을 본각이라고 할 경우에 지혜가 작용하지 않을 수 있으므로 이는 불각이다. 만약 지혜가 작용하는 것만을 본각이라고 한다면 번뇌를 끊었는지 아닌지 아직 알 수 없다. 만약 번뇌를 끊지 못했다면 지혜의 작용이 없는 것이다. 만일 본래 번뇌를 끊었다면 범부는 없을 것이다.

답한다. 본각은 근본적 무지인 무명이 없을 뿐 아니라 지혜의 작용도 같이 있는 것이다. 지혜의 작용이 있으므로 번뇌를 단절시킬 수 있다. 이것은 무슨 뜻인가? 만약 먼저 미혹한 뒤에 깨닫는 것을 깨달음이라고 하면 시각만 깨달음이고 본각은 깨달음이 아니다. 만약 본래 미혹이 없는 것이 깨달음이라고 한다면 본각만 깨달음이고 시각은 깨달음이 아니다. 번뇌를 끊는다는 것 역시 그러하다. 앞에 번뇌가 있고 뒤에 번뇌가 없는 것을 번뇌를 끊는다고 한다면 시각에는 번뇌의 단절이 있고, 본각에는 번뇌의 단절이 없다. 본래 미혹을 떠난 것을 번뇌를 끊었다고 한다면 본각은 번뇌를 끊었으나 시각은 번뇌를 끊은 것이 아니다. 만약 이러한 뜻에 의하면 본래 번뇌가 없으므로 본래 범부도 없다.

이것은 '모든 중생이 본래 열반과 깨달음에 들어가 머물고 있다'고 한 것과 같다. 그러나 본각이 있으므로 본래 범부는 없는 것이라고 말하지만, 아직 시각이 없기 때문에 본래 범부가 있다고 해도 틀린 것은 아니다. 만약 그대가 본각이 있기 때문에 본래 범부가 없다고 말한다면 결국 시각은 없다. 그러니 무엇에 맞서 범부가 있다고 할 수 있겠는가? 다른 식으로 끝내 시각이 없다면 본각 또한 없다. 그러니 어떤 본각에 기대어서 범부가 없다고 말할 수 있겠는가?

그러므로 본각이 있으므로 본디 불각이 없고, 불각이 없으므로 마침내 시각이 없고, 시각이 없으므로 본디 본각이 없게 된 것을 알아야 한다. 본각이 없다는 것에 이르게 된 근원이 바로 본각이 있는 데에 있다. 본각이 있는 것이 시각이 있기 때문이고, 시각이 있는 것이 불각이 있기 때문이며, 불각이 있는 것은 본각에 의존하기 때문이다. "본각이란 시각에 의존하여 말한 것이니 시각은 바로 본각과 같기 때문이다. 시각의 뜻은 본각에 의존하기 때문에 불각이 있으며, 불각에 의존하므로 시각이 있다고 말한다." 이와 같이 서로 의존하여 변화하므로 모든 것이 없는 것도 아니고 있는 것도 아니며, 있는 것도 아니고 없는 것도 아니라는 것을 알아야 한다.

묻는다. 이 본각은 오염된 번뇌와 청정한 마음의 원인인가? 아니면 다만 청정한 마음의 본성인가? 만약 다만 본각이 청정한 마음의 원인일 뿐이라고 한다면 『능가경』에서 여래장이 선한 것과 선하지 않은 것의 원인이라고 자세히 설하는 것은 무엇 때문인가? 만약 본각이 오염된 번뇌와 청정한 마음 모두를 낳는 것이라면 무엇 때문에 진여의 본성에서 나오는 공덕을 모두 갖춘다고만 설하고 진여의 본성에서 나오는 오염을 모두 갖춘다고는 말하지 않았는가?

답한다. 본각은 오염된 마음과 청정한 마음 모두에게 공통된 진여의 본성이다. 그러므로 오직 진여의 본성에서 나오는 공덕을 모두 갖춘다고 설한 것이다. 무슨 뜻인가? 본각이 청정의 본성을 떠났기 때문에 만나는 대상을 따라서 모든 오염된 마음을 일으킬 수 있다. 또 본각이 오염의 본성을 떠났기 때문에 만나는 대상을 따라서 모든 청정한 마음을 일으킬 수 있다. 오염된 마음과 청정한 마음을 일으킬 수 있으므로 오염과 청정 모두에게 공통된 것이 된다. 오염과 청정을 떠났기 때문에 오직 진여의 본성에서 나오는 공덕이 된다. 어째서 오염과 청정을 떠나야 모든 공덕을 이룰 수 있는가? 오염과 청정에 집착하는 것이 모두 망상이기 때문이다. _『별기』

10-20.
알라야식의 미세한 세 가지 마음의 모습

불각에 의지하여 생멸하는 마음에는 알아차리기
어려운 세 가지 미세한 모습이 생겨난다. 이 세 가
지 미세한 모습은 불각과 떼려야 뗄 수 없는 관계
이다.

첫째, 무명이 일으키는 업[無明業相]이다. 근본적 무
지인 불각으로 인하여 마음이 움직이는 것을 업이
라고 한다. 진여를 깨달으면 마음은 움직이지 않는
다. 마음이 움직이므로 괴로움이 생긴다. 괴로움이
라는 결과는 무명이라는 원인과 분리할 수 없다.

둘째, 마음이 움직여 보는 작용[能見相]이 일어난다.
마음이 움직이므로 볼 수 있게 된다. 마음이 움직
이지 않으면 보는 작용은 없다.

셋째, 보는 작용과 함께 보이는 대상[境界相]이 나타

난다. 보는 작용에 의지해 보이는 대상이 허망하게 나타난다. 보는 작용이 없으면 나타나는 대상도 없다. 『기신론』

첫째, 무명이 일으키는 업이다.

무명에 의하여 훈습되므로 업이라고 한다. 마음이 움직이는 것이 바로 업이다. "깨달으면 마음은 움직이지 않는다"라는 것은 "깨닫지 못하면 움직인다"에 반하는 것을 들어서 나타내었다. 시각을 얻으면 마음이 움직이지 않는다. 지금 마음이 움직이는 것은 다만 불각에 의한 것임을 알아야 한다. "마음이 움직이므로 괴로움이 생긴다"는 것은 만약 고요함을 얻으면 극락이기 때문에 그것과 대비하여 움직이면 그것이 고통이라고 말한 것이다. 업이 괴로움이 아니라면 무명은 괴로움의 원인이 아닐 것이다. 이와 같이 원인_{무명}과 결과_업가 동시에 함께 있기 때문에 결과는 원인을 떠나지 않는다. 그러나 업이 비록 마음이 움직이는 것이라 하더라도 그 움직임은 지극히 미세하여 주객을 나누기 어렵다. 근본무명 역시 그러함을 알아야 한다.

묻는다. 알라야식에서 인식주체와 대상은 무엇인가?

답한다. 알라야식에서 인식주체와 대상은 한 몸이어서 분별할 수 없다.

묻는다. 만약 그렇다면 알라야식이 있는 것을 어떻게 알 수 있는가?

답한다. 일어나는 사태가 있어서 알라야식이 있다는 것을 알 수 있다. 알라야식은 모든 번뇌와 업과 과보라는 사태를 일으킬 수 있다. 비유하면 무명이 항상 일어나지만 무명을 분별할 수 있겠는가? 만약 분별할 수 있다면 그것은 무명이라고 불리지 않을 것이다. 만약 분별할 수 없다면 있는 것이 아니어야 한다. 하지만 무명은 있는 것이지, 없는 것이 아니다. 또한 욕망과 성냄 등의 사태로 말미암아 무명이 있음을 알 수 있다. 알라야식 또한 그러하다. **『무상론』**(無相論)

바로 업에 의해 알라야식을 나타냈다.

둘째, 마음이 움직이면 보는 작용이 일어난다.
앞의 업이 변하여 대상을 붙들려는 능동적 주체가 만들어지기 때문에 "마음이 움직여 보는 작용이 일어난다"고 말하였다. 고요하여 움직이지 않는 진여문에서는 보는 모습이 없다. 따라서 '마음이 움직이지 않으면 보는 작용이 없다'고 말한다. 이는 도리어 보는 작용은 마음이 움직이는 것에 의지함을 보여 준다. 이와 같이 보는 작용은 비록 대상을 붙들려고 하지만 아직 붙들리는 대상은 나타낼 수 없다. 보는 작용은 곧바로 밖으로 향하는 것일 뿐 대상에 의탁한 것이 아니기 때문이다. 『섭대승론』에서 "의식은 과거·현재·미래의 삼세와 삼세가 아닌 것을 대상으로 붙든다. 의식의 활동은 알 수 있다. 그러나 알라야식이 작용하는 경계는 알 수 없다"라고 한 것과 같다. 여기서 말하는 '알 수 없다'란 알 수 있는 대상이 없기 때문이다. 이것은 십이연기가 시작되는 최초의 무명을 알 수 없다고 말한 것과 같다. 보는 작용으로 알라야식을 나타냈다.

셋째, 보는 작용과 함께 보이는 대상이 나타난다.
앞의 보는 작용에 의지하여 대상를 나타낼 수 있으므로 "보는 작용에 의지해 보이는 대상이 허망하게 나타난다"고 말하였다. 이는 『사권능가경』四卷楞伽經에서 "대혜야! 간단히 말하면 세 가지 식이 있고 자세히 말하면 여덟 가지 모습이 있다. 무엇이 셋인가? 전식, 현식, 분별사식이다. 비유하면 맑은 거울이 모든 색상을 나타내는 것과 같이 현식이 있는 곳도 마찬가지이다."라고 말한 것과 같다. 또 "비유하면 알라야식이 스스로의 마음이 나타낸 몸과 몸이 편안하게 받아들인 대상을 단박에 분별하여 알아차리는 것과 같다"고 말한 것과 같다. 보이는 대상이 나타나는 것으로 알라야식을 나타냈다. _『소』

10-21.
알라야식의 거친 여섯 가지 모습

무명의 업이 보는 것과 보이는 것을 분별하여 마음
에 대상이 나타나면 이를 조건으로 하여 다시 여섯
가지의 마음의 거친 모습이 생겨난다. 여섯은 무엇
인가?

첫째, 분별하는 앎[智相]이다.

둘째, 분별하는 앎의 상속[相續相]이다.

셋째, 대상에 대한 집착[執取相]이다.

넷째, 이름에 대한 분별[計名字相]이다.

다섯째, 온갖 업이다[起業相].

여섯째, 업에 묶인 괴로움이다[業繫苦相].

무명이 모든 오염된 마음을 낳는다는 것을 알아야
만 한다. 오염된 마음은 모두 깨닫지 못한 불각의
여러 가지 모습이기 때문이다.「기신론」

첫째, 분별하는 앎은 제7식으로 거친 모습의 시작이다. 비로소 분별지의 작용이 있어서 나와 대상을 분별하므로 이것을 분별하는 앎이라고 한다. 정확하게 말하자면 분별하는 앎은 알라야식을 대상이라고 집착하여 나라고 생각하고, 알라야식이 나타낸 대상에 집착하여 내 것이라고 생각한다. 그러므로 "마음에 나타난 대상을 따라 대상에 대해 좋아하고 싫어하는 앎을 일으킨다"고 했다.

또한 이 대상이 나타내는 마음[現識]을 떠나지 않는 것이 마치 거울에 비친 영상이 거울면을 떠나지 않는 것과 같다. '분별하는 앎'은 곧바로 안을 향하여 나와 내 것을 생각하지만 마음 바깥에 있는 대상을 붙드는 것이 아니므로 다른 곳에서는 알라야식 중의 '대상을 나타내는 마음'을 대상으로 갖는다고 말한다.

둘째, 분별하는 앎의 상속이다.

이것은 거친 분별로 모든 것을 두루 헤아려 계속 이어지게 한다. 또 좋아하고 집착하는 마음을 일으켜 과거를 지속하여 모든 행위가 끊어지지 않게 하고, 또한 삶이 이어지게 하여 미래에 과보가 상속되게 한다는 의미가 있다. 앞의 분별하는 앎이 근거가 되어 앎의 상속이 생겨난다. 분별하는 앎은 오직 괴로움도 즐거움도 느끼지 않지만 상속은 괴로움과 즐거움을 함께 일으킨다. 또한 상속의 근거가 되는 분별하는 앎은 안으로 알라야식의 미세한 마음을 대상화하지만, 외부의 대상을 생각하지 않으므로 꿈꾸는 것과 같다. 그러나 상속은 안팎을 두루 사려하여 느끼고 관찰하고 분별하는 것이 마치 깨어있는 것과 같다. 그러므로 괴로움과 즐거움이 일어나고, 일어난 망념이 서로 반응하면서 끊이지 않는다. 망념이 일어난다는 것은 곧 대상이 있다고 집착하여 분별하는 것이다. 상속은 이러한 거친 집착과 상응하여 온갖 대상을 향하여 여기저기 달려간다. 그러므로 서로 반응하면서 끊어지지 않는다.

셋째, 대상에 대한 집착이다.

집착에 의하여 좋아하고 싫어하는 것을 분별하여 괴로움과 즐거움을 받아들이므로 망념이 의지하는 대상에 대해 괴로움과 즐거움을 붙들고 유지하면 집착이 일어난다.

넷째, 이름에 대한 분별이다.

대상에 대한 집착이 좋고 싫음을 분별하는 것에 의지하여 이름과 말로 나타낸다. 그러므로 헛된 집착에 의지하여 임시로 이름과 개념을 세워서 분별한다.

다섯째, 온갖 업이다.

이름에 대한 분별이 취하는 이름에 의지하여 생각을

일으켜서 선과 악을 만들기 때문에 이름과 개념에 얽매여 이름을 찾고 집착하면서 몸과 말과 뜻으로 온갖 업을 짓는다.

여섯째. 업에 묶인 괴로움이다.

업에 의하여 중생계에서의 윤회라는 고통의 과보를 받는다. 업에 따라 과보를 받으므로 삶이 자유롭지 못하고 괴로움을 겪게 된다.

여섯 가지의 거친 모습은 대상을 나타내는 마음을 실재하는 대상이라고 인식하고, 세 가지 미세한 모습은 직접적으로 무명을 따라 일어난다. 이와 같은 여섯 가지 거친 모습과 세 가지 미세한 모습은 모두 온갖 오염된 번뇌를 포괄한다. 그러므로 근본무명이 모든 오염된 마음의 작용을 내는 근본임을 알아야만 한다. 모든 오염된 모습에 비록 거친 것과 미세한 것이 있지만 모두 존재의 실상을 깨닫지 못한 것이다. 이 깨닫지 못한 것이 바로 무명의 기운이므로 오염된 마음은 모두 깨닫지 못한 불각의 여러 가지 모습인 것이다._『소』

10-22.
알라야식에 의지하여 생멸의 연기가 일
어난다

생멸을 일으키는 인연은 무엇인가? 중생은 마음에
의지하여 의意와 의식意識이 전개된다. 이것은 무슨
의미인가? 알라야식에 의지해서 무명이 있다. 깨
닫지 못한 불각이 마음을 움직여 보는 마음과 대상
을 나타내는 마음이 펼쳐진다. 이렇게 해서 나타난
대상은 마음이 만든 것일 뿐인데도 대상이 실제로
있다고 집착하고, 망념을 계속해서 상속한다. 이러
한 마음의 활동을 의意라고 한다.『기신론』

마음의 생멸을 일으키는 인연은 무엇인가? 두 가지
설명이 있다.
첫째, 알라야식의 본각이 변화하여 모든 것을 만들어
내는 것이 생멸의 인因이요, 근본무명이 본각을 훈습

하여 움직이게 하는 것이 생멸의 연緣이다.

둘째, 무명이 머무는 자리는 오염의 근본으로 모든 생멸을 일으키므로 인因이 된다. 또 바깥의 온갖 대상이 마음의 생멸을 일으키니 이것이 생멸의 연緣이다. 두 가지 뜻으로 인연을 나타낸다. 모든 생멸의 모습은 인연이 모여서 생기기 때문에 그것을 '중생'이라 한다. 그러나 중생은 별도의 실체가 없어서 오직 마음에 의지한다. 이것이 곧 알라야식의 자기 모습이다. 의지하는 주체인 중생이 곧 의意와 의식意識이니, 이것으로서 "의와 의식이 전개된다"고 말하였다.

"알라야식에 의지해서 무명이 있다"고 말하였는데 여기에서 말하는 알라야식이 위에서 말한 마음이고 생멸의 인이다. 무명은 알라야식에 있는 것이니 곧 생멸의 연이다. 이 인과 연에 의하여 의와 의식이 전개되는 것을 밝힌다.

다섯 가지 식은 모두 마음에 의해 이루어진 것이니 그런 까닭에 중생계의 모든 것은 오직 마음이 지은 것일 뿐이다. 『십지경』十地經에서 "불자여, 삼계는 다만 한 마음이 만든 것일 뿐이다"라고 한 것과 같다. "모든 것은 모두 마음을 따라 일어난 것이고, 망념에서 생겨났다"라고 한 것은 모든 것이 마음에 현현하지 않음이 없음을 밝힌 것이다. "모든 분별은 곧 자신의 마음을 분별하는 것에 지나지 않는다. 마음은 마음을 보지 못하므로 얻을 수 있는 어떤 모습도 없다"고 한 것은 모든 법이 실제로는 있지 않다는 것을 밝힌 것이다.

"내가 살아가는 것이 마치 꿈 속에서 사는 것과 같다면 응당 두 개의 마음이 있을 것이지만 마음은 두 개의 모습이 없다. 마치 칼이 스스로를 베지 못하고 손가락이 스스로를 가리키지 못하는 것처럼, 마치 마음도 스스로를 보지 못하는 것과 같다."**『입능가경』**(入楞伽經)

만약 꿈속에 나타나는 온갖 일들처럼 이와 같이 보이는 것이 실제로 있는 것이라면 보는 자와 보이는 것, 두 개의 모습이 있다.
그러나 꿈속에는 실제로는 두 개의 모습이 없다. 삼계의 모든 마음은 모두 이러한 꿈과 같다. 마음을 떠난 바깥에는 분별할 수 있는 것이 없다. 그러므로 모든 분별은 곧 자신의 마음을 분별하는 것이다. 마음이 마음을 볼 수 없는 것이 마치 칼과 손가락 등과 같다. 그렇기 때문에 마음은 마음을 보지 못한다. 이미 볼 수 있는 다른 대상이 없으며 또한 스스로 볼 수도 없어 보이는 것이 없으니 보는 것도 성립할 수 없다. 보이는 것과 보는 것의 두 가지 모습이 모두 얻을 수 없으므로 얻을 수 있는 어떤 모습도 없다. _『소』

10-23.
진여훈습은 어떻게 일어나는가

오염된 마음과 깨끗한 마음이 일어나서 단절되지 않는 것은 네 종류의 훈습이 있기 때문이다. 네 가지는 무엇인가? 첫째, 깨끗한 진여의 훈습이다. 둘째 모든 오염의 원인인 무명의 훈습이다. 셋째, 무명이 만들어 낸 허망한 마음인 업식에 의한 훈습이다. 넷째, 업식이 만든 허망한 대상에 의한 훈습이다. 「기신론」

'깨끗한 진여'는 본각을 말하며, '모든 번뇌의 원인인 무명'은 불각을 말한다. 진실로 하나인 알라야식이 이 두 가지 뜻을 갖고 서로 훈습하여 두루 오염된 마음과 깨끗한 마음을 낸다. 이 뜻이 바로 불가사의한 훈습과 불가사의한 변화를 풀이한 것이다.

묻는다. 『섭대승론』에서는 변화하지 않고 늘 한결같은 진여는 훈습을 받을 수 없다고 하였는데 어찌하여 『기신론』에서는 진여를 훈습한다고 하는가?

답한다. 훈습에는 두 가지 뜻이 있다. 『섭대승론』에서는 우선 생각할 수 있는 훈습[可思義薰]에 의하므로 변하지 않는 것은 훈습할 수 없다고 한다. 『기신론』에서는 불가사의한 훈습을 밝히므로 무명이 진여를 훈습하고 진여가 무명을 훈습한다고 말한다. 이와 같이 드러내는 뜻이 같지 않으므로 서로 어긋나지 않는다. 그러나 『기신론』에서는 생멸문에 있는 본각 그 자체를 진여라고 하므로 훈습의 뜻이 있는 것이지, 진여문 안에 있는 진여를 말한 것이 아니다. 생멸문은 포함하고 낳지만 진여문에서는 낳을 수 있다고 말하지 않기 때문이다. _『소』

『대승기신론』(大乘起信論)의 원 체재(體裁)와
이 책에서 다룬 부분

※ 일반적으로 불교경전과 논서의 구조는 서분, 정종분, 유통분의 삼분구조를 갖는다. 단, 정종분의 서론·본론·결론은 이해를 돕기 위해 구분한 것이다.

삼분 구조		『대승기신론』 목차		『낭송 대승기신론』에 나온 부분 (괄호 안은 이 책 본문 쪽수)
서분 序分		귀경게 歸敬偈		1-1. 삼보에 귀의하는 노래[22~23]
정종분 正宗分	서론	인연분 因緣分		1-2. 인연 : 중생의 행복을 위하여[24~26]
	본론	입의분 立義分		1-3. 대승은 중생의 마음이다[27~28]
		해석분 解釋分	현시정의 顯示正義	2부. 마음의 진여문[29~34] 3부. 마음의 생멸문[35~50] 4부. 마음이 일으키는 생멸의 인연[51~64] 5부. 무명과 진여는 서로를 물들인다 [65~76] 6부. 중생의 마음은 크다[77~88]
			대치사집 對治邪執	7부. 잘못된 견해의 극복[89~96]

		분별발취도상 分別發趣道相	8부. 발심이란 무엇인가[97~114]
정 종 분 正 宗 分	본론	수행신심분 修行信心分	9-1. 무엇을 믿는가[116~117] 9-2. 어떻게 수행하는가[1][118~120] 9-3. 어떻게 수행하는가[2][121~123] 9-4. 수행 중에 나타나는 망상을 어떻게 물리치는가[124~126] 9-5. 진여삼매의 이익 열 가지 [127~128] 9-6. 지와 관을 함께 닦아야 한다 [129~131] 9-7. 염불수행[132~133]
	결론	권수이익분 勸修利益分	9-8. 수행을 권한다[134~135]
유통분 流通分		회향송 廻向頌	9-9. 공덕을 회향하는 노래[136]